京华通览

历史文化名城

主编／段柄仁

北京的民俗

潘惠楼／编著

北京出版集团公司
北京出版社

图书在版编目（CIP）数据

北京的民俗 / 潘惠楼编著. — 北京：北京出版社，2018.10
（京华通览 / 段柄仁主编）
ISBN 978-7-200-13860-3

Ⅰ．①北… Ⅱ．①潘… Ⅲ．①风俗习惯—介绍—北京 Ⅳ．①K892.41

中国版本图书馆CIP数据核字（2018）第017625号

出版人　曲　仲
策　划　安　东　于　虹
项目统筹　董拯民　孙　菁
责任编辑　白　珍
封面设计　田　晗
版式设计　云伊若水
责任印制　燕雨萌

"京华通览"丛书在出版过程中，使用了部分出版物及网站的图片资料，在此谨向有关资料的提供者致以衷心的感谢。因部分图片的作者难以联系，敬请本丛书所用图片的版权所有者与北京出版集团公司联系。

京华通览
北京的民俗
BEIJING DE MINSU
潘惠楼　编著

*

北京出版集团公司
北京出版社　出版
（北京北三环中路6号）
邮政编码：100120

网　址：www.bph.com.cn
北京出版集团公司总发行
新 华 书 店 经 销
天津画中画印刷有限公司印刷

*

880毫米×1230毫米　32开本　6.875印张　142千字
2018年10月第1版　2022年11月第3次印刷
ISBN 978-7-200-13860-3
定价：45.00元

如有印装质量问题，由本社负责调换
质量监督电话：010-58572393

《京华通览》编纂委员会

主　任　段柄仁
副主任　陈　玲　曲　仲
成　员　(按姓氏笔画排序)
　　　　于　虹　王来水　安　东　运子微
　　　　杨良志　张恒彬　周　浩　侯宏兴
主　编　段柄仁
副主编　谭烈飞

《京华通览》编辑部

主　任　安　东
副主任　于　虹　董拯民
成　员　(按姓氏笔画排序)
　　　　王　岩　白　珍　孙　菁　李更鑫
　　　　潘惠楼

序

PREFACE

擦亮北京"金名片"

段柄仁

北京是中华民族的一张"金名片"。"金"在何处？可以用四句话描述：历史悠久、山河壮美、文化璀璨、地位独特。

展开一点说，这个区域在 70 万年前就有远古人类生存聚集，是一处人类发祥之地。据考古发掘，在房山区周口店一带，出土远古居民的头盖骨，被定名为"北京人"。这个区域也是人类都市文明发育较早，影响广泛深远之地。据历史记载，早在 3000 年前，就形成了燕、蓟两个方国之都，之后又多次作为诸侯国都、割据势力之都；元代作为全国政治中心，修筑了雄伟壮丽、举世瞩目的元大都；明代以此为基础进行了改造重建，形成了今天北京城的大格局；清代仍以此为首都。北京作为大都会，其文明引领全国，影响世界，被国外专家称为"世界奇观""在地球表面上，人类最伟大的个体工程"。

北京人文的久远历史，生生不息的发展，与其山河壮美、宜生宜长的自然环境紧密相连。她坐落在华北大平原北缘，"左环沧海，右拥太行，南襟河济，北枕居庸""龙蟠虎踞，形势雄伟，南控江淮，北连朔漠"。是我国三大地理单元——华北大平原、东北大平原、蒙古高原的交汇之处，是南北通衢的纽带，东西连接的龙头，东北亚环渤海地区的中心。这块得天独厚的地域，不仅极具区位优势，而且环境宜人，气候温和，四季分明。在高山峻岭之下，有广阔的丘陵、缓坡和平川沃土，永定河、潮白河、拒马河、温榆河和蓟运河五大水系纵横交错，如血脉遍布大地，使其顺理成章地成为人类祖居、中华帝都、中华人民共和国首都。

这块风水宝地和久远的人文历史，催生并积聚了令人垂羡的灿烂文化。文物古迹星罗棋布，不少是人类文明的顶尖之作，已有1000余项被确定为文物保护单位。周口店遗址、明清皇宫、八达岭长城、天坛、颐和园、明清帝王陵和大运河被列入世界文化遗产名录，60余项被列为全国重点文物保护单位，220余项被列为市级文物保护单位，40片历史文化街区，加上环绕城市核心区的大运河文化带、长城文化带、西山永定河文化带和诸多的历史建筑、名镇名村、非物质文化遗产，以及数万种留存至今的历史典籍、志鉴档册、文物文化资料，《红楼梦》、"京剧"等文学艺术明珠，早已成为传承历史文明、启迪人们智慧、滋养人们心灵的瑰宝。

中华人民共和国成立后,北京发生了深刻的变化。作为国家首都的独特地位,使这座古老的城市,成为全国现代化建设的领头雁。新的《北京城市总体规划(2016年—2035年)》的制定和中共中央、国务院的批复,确定了北京是全国政治中心、文化中心、国际交往中心、科技创新中心的性质和建设国际一流的和谐宜居之都的目标,大大增加了这块"金名片"的含金量。

伴随国际局势的深刻变化,世界经济重心已逐步向亚太地区转移,而亚太地区发展最快的是东北亚的环渤海地区、这块地区的京津冀地区,而北京正是这个地区的核心,建设以北京为核心的世界级城市群,已被列入实现"两个一百年"奋斗目标、中国梦的国家战略。这就又把北京推向了中国特色社会主义新时代谱写现代化新征程壮丽篇章的引领示范地位,也预示了这块热土必将更加辉煌的前景。

北京这张"金名片",如何精心保护,细心擦拭,全面展示其风貌,尽力挖掘其能量,使之永续发展,永放光彩并更加明亮?这是摆在北京人面前的一项历史性使命,一项应自觉承担且不可替代的职责,需要做整体性、多方面的努力。但保护、擦拭、展示、挖掘的前提是对它的全面认识,只有认识,才会珍惜,才能热爱,才可能尽心尽力、尽职尽责,创造性完成这项释能放光的事业。而解决认识问题,必须做大量的基础文化建设和知识普及工作。近些年北京市有关部门在这方面做了大量工作,先后出版了《北京通史》(10卷本)、《北京百科全书》(20卷本),各类志书近900种,以及多种年鉴、专著和资料汇编,等等,为擦亮北京这张"金名片"做了可贵的基础性贡献。但是这些著述,大多是服务于专业单位、党政领导部门和教学科研人员。如何使其承载的知识进一步普及化、大众化，出版面向更大范围的群众的读物，是当前急需弥补的弱项。为此我们启动了《京华通览》系列丛书的编写，采取简约、通俗、方便阅读的方法，从有关北京历史文化的大量书籍资料中，特别是卷帙浩繁的地方志书中，精选当前广大群众需要的知识，尽可能满足北京人以及关注北京的国内外朋友进一步了解北京的历史与现状、性质与功能、特点与亮点的需求，以达到"知北京、爱北京，合力共建美好北京"的目的。

这套丛书的内容紧紧围绕北京是全国的政治、文化、国际交往和科技创新四个中心，涵盖北京的自然环境、经济、政治、文化、社会等各方面的知识，但重点是北京的深厚灿烂的文化。突出安排了"历史文化名城""西山永定河文化带""大运河文化带""长城文化带"四个系列内容。资料大部分是取自新编北京志并进行压缩、修订、补充、改编。也有从已出版的北京历史文化读物中优选改编和针对一些重要内容弥补缺失而专门组织的创作。作品的作者大多是在北京志书编纂中捉刀实干的骨干人物和在北京史志领域著述颇丰的知名专家。尹钧科、谭烈飞、吴文涛、张宝章、郗志群、马建农、王之鸿等，都有作品奉献。从这个意义上说，这套丛书中，不少作品也可称"大家小书"。

总之，擦亮北京"金名片"，就是使蕴藏于文明古都丰富多彩的优秀历史文化活起来，充满时代精神和首都特色的社会主义创新文化强起来，进一步展现其真善美，释放其精气神，提高其含金量。

2017 年 11 月

目录

CONTENTS

概　述 / 1

服饰民俗

服饰民俗的特点 / 6

服装质料 / 7

服装款式 / 10

传统饰物 / 18

服饰的吉祥纹样 / 20

服饰的颜色象征 / 21

服饰的颜色禁忌 / 22

礼仪服饰　民族服饰　职业服饰 / 23

服装业及老字号 / 26

饮食民俗

北京人的主食 / 33

北京人的副食 / 35

北京人的饮料 / 39

北京传统风味食品 / 45

京菜与老字号 / 47

居住民俗

北京民居形式与居民区 / 50

北京四合院 / 55

近现代民居 / 65

交通习俗

北京的路 / 70

北京交通工具 / 75

经济活动民俗

农事民俗 / 87

商事民俗 / 91

煤业、建筑业和漕运民俗 / 120

手工业及传统工艺民俗 / 126

人生礼仪和社会风俗

婚　俗 / 131

丧　俗 / 138

生育习俗 / 144

民间礼仪 / 153

岁时节日民俗 / 157

传统艺术、娱乐游戏民俗

传统艺术民俗 / 165

口承语言民俗 / 181

娱乐游戏民俗 / 195

后　记 / 207

概　述

　　民俗，是流行于民间的风俗习惯。北京是享誉世界的历史文化名城，有着丰富多彩的民俗文化，反映着不同历史时期北京人的社会生活、思想意识和精神风貌。

　　北京民俗形成的自然条件中，最重要的是它的地理位置。北京雄踞于华北大平原北端，"左环沧海，右拥太行，北枕居庸，南襟河济"（《日下旧闻考》），势踞形胜，得天独厚，是我国中原农耕地区和东北、西北游牧地区联系的纽带。在一次又一次的民族迁徙融合中，不同民族的风俗习惯互相影响和渗透，南北文化在北京地区碰撞、对接、交融，也就成了历史的必然。这一切，使北京的民俗，具有既不同于中原农耕地区，又有异于北方游牧地区的鲜明特色，形成独特的北京社会人文民俗。

　　北京的民俗，从农业兴起，从城市诞生之后有之。

　　公元前11世纪，周武王灭纣，封帝尧之后于蓟，封召公奭于燕。据考古发现，燕的始封地在今北京房山区。燕地是民族杂居地区，汉族之外，还聚居着肃慎、孤竹、山戎等少数民族。文化和习俗，既受到中原地区影响，也受到北方少数民族影响。燕太子丹在易水河畔为刺秦王的荆轲送行，高渐离击筑，荆轲引吭高歌"风萧萧兮易水寒，壮士一去兮不复还"，体现出燕赵之地的民风剽悍、仗义任侠。

从秦汉到隋唐两宋，蓟城数度成为少数民族割据政权的治所，加快了蓟城民族融合的进程。公元10世纪以后，北京相继成为辽、金、元、明、清五代的帝都。其中4个王朝分别由契丹、女真、蒙古族和满族建立。伴随少数民族大量向北京地区移民，大规模的民族融合和文化交融，一次次在这片土地上发生，社会生活呈现出纷繁复杂、多姿多彩的面貌。

辽代契丹人有朝日之俗，无论房屋、帐幕皆向东而设。北京的大觉寺、云居寺、戒台寺在辽代都是大寺院，都是向东的。金将中都定为陪都后，参照北宋制度，结合女真族习俗，加以取舍，制定出礼仪设施，汉族的礼仪进入金中都的统治阶层。女真人与汉民共处，文化、习俗相互影响，逐渐被汉族同化，汉语最后成为女真族通用的语言。许多女真风俗也在中都保存下来，中都人民的服饰就具有汉、女真两族特点。

公元13世纪，蒙古铁骑攻入金中都，统一了中国，建立了元朝。大都成为全国的政治中心，节令庆典四时皆有。主要可分为3类：一是四季的民间节日，自古流传，历久不衰；二是宗教节日，或始于前朝，或立于本朝，均为一时盛会，并多传于后世，成为北京地区的庙会习俗；三是元朝组织的各种重大的庆祝活动，其规模可观。

明王朝，改大都为北平。大批南人北上，社会风气发生很大转变，重交游，尚轻锐，喜游晏，成为一时风尚。但辽金元三朝诸多少数民族在北京地区留下的习俗，并未消失，经过三四百年的沉淀、融合已经成为北京地区本体文化的有机组成部分。

清朝定鼎北京之后，推行"首崇满洲"的政策，实行"满汉分城而居"，规定"有为剃发、衣冠、圈地、投充、逃人牵连五事具疏者，一概治罪"，对作为帝都北京的社会结构和文化风俗都产生了深远影响。经历了长期阵痛，慢慢实现满汉民族融合。清初禁止西洋人在内城传教，对人们的宗教信仰却不多加干预。遍布内外城的大小寺庙宫观，供奉着各路神祇，既有来自佛教道教的，也有来自各类民间神话传说的。平时寺庙宫观香火不断，京师最主要的民间宗教习俗是各种庙会。每逢寺庙开放日，善男信女进庙烧香礼佛，商贩在寺庙附近设摊售货，民间艺人表演杂技，久而久之成为定例。

辛亥革命推翻清王朝，废除帝王纪年，改用世界通行的公历。新年伊始，依公历确立元旦，国家机关、公共事业部门均放假休息，以示庆祝，但民间社会漠然视之，说明社会风俗一旦成形，不会轻易改变。

民国8年（1919年），狂飙突进的五四运动，猛烈抨击了封建礼教，呼唤个性解放、男女平等、婚姻自由，对延续几千年的父母之命、媒妁之言的旧婚俗提出挑战，导致以婚姻关系为重心的新型家族结构不断涌现。

民国以来,传统的岁时庆祀仍然保持着强大的惯力。其中春节、端午节、中秋节盛况不减,仍为民间最为隆重的节日。世界上没有任何一个国家、任何一个民族的重大节日能像中国的"三大节"有那么大的凝聚力,海内外十几亿华夏儿女在同一天食饺子、食粽子、食月饼。它包含着对团圆的祝福,也寄托着对美好生活的祈愿。

中华人民共和国成立后,尊重人民的风俗习惯,把春节列为重大节日,放假3天。封建迷信活动明令禁止,起到了净化民俗的作用,同时也树立了许多新风俗。"文化大革命"在"破四旧"的口号下,肆意践踏中华民族的传统美德和历久传承的风俗习惯。改革开放以后,中华民族好传统、好风俗得到恢复和发扬。近年兴起的民俗旅游,如胡同游、农村绿色农业观光采摘、西瓜节、花会等,拓展了北京人娱乐休闲的空间,也为北京的民俗文化注入了新内涵。

20世纪70年代末80年代初,国家实行改革开放,开始了大规模的民族民间文艺普查,经过30多年的努力,完成了中国民间文艺(10套)集成工作。以此为契机,许多单位和学者经过实地调查与记录,进行整理与研究,从民俗学对象、任务、性质、方法等方面,进行了全方位的理论探讨与阐释,民俗学得到复苏和重建,民俗学成为显学。

千百年来,北京为多民族的聚集地,以海纳百川的包容性,在保存本体文化的同时,吸纳各少数民族文化的长处,构成了北京文化的多元化和民俗的多样性、丰富性。

服饰民俗

服饰是人类文明的标志之一。服饰分为头衣、体衣、足衣和装饰，这4部分构成了服饰民俗的全貌。服饰作为一种文化形态，从其演变中可以看出历史的变迁、经济社会的发展和文化审美意识的嬗变。商朝的"威严庄重"，周朝的"秩序井然"，战国的"清新"，汉代的"凝重"，六朝的"清瘦"，唐朝的"丰满华丽"，宋代的"理性美"，元代的"粗犷豪放"，明代的"敦厚繁丽"，清朝的"纤巧"，无不体现出中国古人的审美倾向和思想内涵。进入现代，随着对外交往的增多，北京服饰在保留民族特质的基础上，也向国际流行方向发展。尤其是改革开放后，人们的生活水平提高，服饰多种多样、异彩奇纹，北京的服饰民俗也更加丰富多彩。

服饰民俗的特点

北京服饰民俗有季节性、民族性和阶层性3个显著特点。

季节性 北京属大陆性季风气候,四季分明,季节之间温差较大,因此北京服饰季节性较强,不同季节服饰差异明显。"冬穿棉,夏穿单""二八月(农历)乱穿衣""春捂秋冻"等口头禅,是使服饰适应季节变换的经验之谈。

民族性 北京服饰习俗具有明显的民族性。辽、金、元、清相继以北京为都建立封建王朝,大批契丹人、女真人、蒙古人(包括色目人)、满族人移居北京,使北京成为多民族聚居地。每个民族都有自己特有的服饰,各民族的服饰习俗相互影响、渗透吸收,始终在潜移默化地进行。

阶层性 服饰习俗的阶层性,从古至今一直存在。北京作为五代帝都,森严的等级制度使服饰习俗的阶层性更为鲜明和突出,每个朝代对官员的服饰都有不同的规定,从头衣、体衣和装饰,即可辨别其官阶和品级。从豪门贵族到五行八作、贩夫走卒,服饰即其身份、地位乃至职业的标识。

北京服饰民俗的特点,铸就了北京服饰的多样性、丰富性和示范性。

服装质料

春秋战国时期，蓟城居民服装布料，以产自齐、鲁地区的丝织品为主，桑、蚕丝、麻也是蓟城重要的物产。东汉至南北朝时期，幽州桑蚕业逐渐衰退，从以桑蚕生产为主变为以麻布生产为主。隋唐时期，幽州桑蚕业得以恢复。唐代幽州丝织品有绢、绵、罗、缎、绫等，毛织品有白毡、毛布、驼毛褐等，麻织品有葛麻、连头獠布、胡女布、楚布、竹布、斑布、弥布等。

少数民族入居中原后，注重学习中原文化，服饰上表现最突出的是服装制作材料。辽太宗巡视南京回草原后，颁下圣旨，让本地人民学习播种、纺织。辽南京的服装布料以丝织品、麻布、毛织品为主。丝织品加工和刺绣业也很发达，衣物上绣有精美的花鸟，做工精细，花式新颖。麻布产量很高，毛织技术也由北方传入京城。

女真人立国之初，服装质朴简陋，但随着金代经济的发展，又受汉族文化的影响，中都人穿着逐渐讲究，衣物质料以绢、绫、绵为主。富人往往穿珍贵的兽皮及细布之衣，贫者则穿牛、马、羊、猪之皮及粗布。金朝对被统治者的服装多方限制，金章宗时禁止庶民着纯黄银褐色的服装，庶人只许穿绢布、毛褐、花纱、无纹素罗、丝绵，所戴头巾、系腰、领帕可以用芝麻罗，兵卒可以穿无纹压罗、绢布、毛褐服,而奴婢则只许穿绢布、毛褐,倡优之人在礼仪场合如迎接、公筵承应等,只能暂时穿着绘有图画的服装,而其他场合的服装只能与庶人相同。皇室贵族所用纺织品由官方织染署织造,其图案秀丽,质量高超。如皇帝服装用青罗制作,正面用金线绣成日、月、山、川、虎等,背面绣星、龙、山、火等图案,象征皇帝统治宇宙间的一切,其工艺复杂,构思精细,具有很高的制作技术。

元大都人的服装材料一般以丝织成的缎、纱、罗、绫、绢等织品为主。缎匹种类很多,有纳石失、青赤间丝、浑金搭子、六花四花缠顶金缎子、暗花细发斜纹、衲夹、串素、苎丝、紫茸、兜罗锦、斜褐、剪绒缎子、绒锦、草锦、谷子、隔织等。产自中亚的绣金锦缎纳石失、四川成都的十样锦、江南出产的缂丝和苎丝,在大都极受欢迎。罗有御罗、嵌花罗、番罗、三棱罗等。纱有密娥纱、夹渠纱、观音纱、银丝纱、鱼水纱、三法纱、金纱、花纱、绒纱、挑纱、土纱等。绫有大绫、小绫。绢有攒丝绸、乱丝绸、绵绸、水绸等。绢分南绢、北绢。布有木棉布、铁力布、葛布、蕉布、竹丝布、生苎布、熟苎布、番棉布、土麻布、草布等。服装材料还有皮毛。服装制作有等级规定,一般庶人只准用丝绸绫罗、毛毲、布制作服装,不得用赭黄等鲜明颜色。尤禁倡优盛服。

明代,北京作为全国最大的消费城市,服装布料多从外地输入,全国各地的名优特产都汇集这里,如苏州、杭州的锦缎,松江的三棱布等。织染业也很发达,在织染局和蓝靛厂下有32种行业,均属宫廷手工业,从打线、络丝、纺织、挑花、洗白到染色、折叠、打捆均有明确的分工。市场上出现许多著名的服装店铺。

清代前期，北京人的服装以满族传统服饰为主。鸦片战争之后，洋货大量涌入，上自王公贵族下至平民百姓，艳羡洋货的心理日渐增长，对舶来品习惯统称"洋"字，服饰布料有洋绸、洋缎、洋呢、洋漳缎、洋羽纱等，与之配套的有洋手巾、洋花边、洋纽扣、洋袜子等，以致出现"民间日用，无一不用洋货"局面。外国棉布、棉纱大量输入使北京固有的土布、土纱、织染等行业受到沉重打击，洋纱排挤了手纱，因为机织洋布洁白匀细，价格低廉。此时北京人服装用料多为洋货。

民国以后，北京服装市场日渐繁荣，轻工业门类中的纺织、毛皮、皮革、服装、鞋帽等直接涉及服装制作部门。布匹生产所用棉花大部分直接来自北京郊区，制革业也有很大发展，旧式硝皮局逐渐改为新法制革，所生产的皮革也主要供应北京市场。布匹批发市场继承清末遗制，主要在前门外布巷子客店内，后延至草厂二、三、四条，长巷三、四条。估衣批发市场在前门外北上坡，1937年后迁到天桥东菜市北空地。市民购买服装首饰主要从城区综合性的百货商场内购买，如东安市场、西单商场、八大祥绸缎庄等，也可从庙会集市及小杂货铺购买。城郊服装零售也很发达，如房山、通州、宛平、昌平各县就有纺织绸缎布店200多家。

北平沦陷后，服装市场萧条。中华人民共和国成立后，全国服装市场一盘棋，重新勃发生机。尤其是改革开放后，服装市场日益繁荣，市面上皮、毛、棉、丝、麻、化纤等质料应有尽有，北京人的服饰多姿多彩。

服装款式

辽代之前，幽州人的服装款式与中原大体相同，北方少数民族大批入居北京之后，北京成为南北习俗交融的中心，服饰民俗逐步形成鲜明特色。

辽南京，汉族服装基本承袭唐和五代，契丹服装则有自己特点。契丹贵族妇女服装常通体绣花，有两腿不相连的套裤，还有分指手套，便于冬季执鞭策马。男子除袍、裤之外还有裘衣、包肚、捍腰。包肚围于腹部，捍腰自后向前围。袍、衫有圆领和直领的区别。夏季，男子髡发露顶，冬季则戴帽。皇帝有金文冠、通天冠、远游冠、进贤冠、硬帽等样式，一般臣僚则戴毡冠和沙冠，毡冠上加珠玉、翠毛。一般契丹人有帽但不戴巾帻，冬季戴毡帽或皮帽。女子多以布帛缠头，老年有身份的妇女戴高翅帽，中间为圆形，两侧高翅耸起。青年女子戴瓜拉帽。与中原服装相比，契丹最大的不同就是，其衫、袍、褂、袄都是左衽。

女真立国之初，衣布，好白，衣短而左衽。尚白是因白与冰雪同色，便于在雪中狩猎野兽，左衽是便于骑射。中都女真男子的常服通常是头裹皂罗巾，身穿盘领衣，腰系吐鹘带，脚穿乌皮尖头靴。女子服装多袭辽代契丹风格。年轻妇女上着团衫，直领左衽，色为黑色或黑紫色。团衫前长及地，后裙拖地尺余，腰以巾带扎系。老年妇女用皂纱拢住发髻，上缀玉钿，名"玉逍遥"。许嫁的姑娘受汉族影响穿绰子，一般是对襟彩领，前齐及地，后曳五寸有余。妇女还常穿锦裙，戴以翠毛装饰的花环冠子，或者羔皮帽。金灭辽、北宋后，金统治者规定女真人不得学南人衣装，违者杖八十，但收效有限。为了树立朝廷威仪，皇帝及百官服装多参汉、唐服制。

蒙古入主中原后，大都服饰为之一变。大都的蒙古人着袍服，右衽，无论男女均为相同式样，穿用粗麻布、天鹅绒或织锦制成的长袍，两侧从上端到底部开口，在腰部折叠起来，左边扣一个扣子，右边扣三个扣子。袍服材料有皮革、丝织品、棉制品。皮袍即皮袄、袄子，一般人以羊皮制成，贵族用貂鼠、银鼠皮。除袍服外，还穿各种衫子作上衣，还有裤子，尤其是用于冬季御寒的毛皮裤子。上层社会最具特色并显示高贵身份的服装当属"质孙"服。质孙服的衣、帽、腰带、靴子是配套的，上面饰有珠翠宝石。皇帝常常赏赐大臣质孙服以示恩宠，受赐者也以此为荣耀。在民间，较为体面的男子外衣，可以是袄，也可以是袍。妇女礼服称团衫和大衣，女子出嫁往往必备团衫。民间男子多戴头巾（幞头），有唐巾、抹额（包头）、磕脑等流行式样。缠足妇女穿弓鞋，鞋面绣花鸟图案。还流行木棉鞋和麻鞋，市民多造茶褐木棉鞋在市场上售卖。忽必烈即位后，按中原传统舆服制度设计宫廷礼服。随着大都皇宫中高丽妇女日渐增多，高丽服饰日渐流行，市民竞相仿效，成为社会时尚。城中不少店铺，衣服鞋帽器物皆依高丽样子制作。

明代，北京重新建立了以汉族为主体的中央封建政权，北京服装也因此以汉族传统服饰为主。建国之初，衣衫褶前七后八。弘治年间，上衣长下衣短，褶多。妇女衣衫仅掩裙腰，有钱人用罗、缎、纱、绢，织金彩通袖。正德时，衣衫渐大，裙褶渐多，髻逐渐增高。到嘉靖时衣衫长至膝，裙短但褶少。民间妇女即使不受封也可戴染冠，披红袍，或穿百花袍。帽有六瓣，名六合小帽。又有方巾，名四方平定巾。万历初年，儿童发长，犹总角，年过二十戴网，天启年间则十五六岁左右就戴网，无总角。医卜星相者都戴方巾，此外还有晋巾、唐巾、乐天巾、东坡巾等式样。

清代，推行"首崇满洲"的政策，认为服饰祖制是"立国之经"。顺治年间一再颁布谕旨："有为剃发、衣冠……具疏者，一概治罪。"（《清世祖实录》卷28）满族传统服装反映了狩猎生活的需要，男子多穿马蹄袖的袍褂，两侧开襟，腰布带，上系小刀等日用品。妇女穿长衫，天足。强迫汉人剃发易装，并以此为标准，断定汉人是否臣服。清朝统治二百多年间，尽管满人深受汉文化影响，但在服饰风格上却仍然保持满洲旧习。清代北京服装以满族服装为主，直接承袭女真人的基本习俗，又融合了汉族、蒙古等族服装的某些款式，主要有袍、褂、坎肩、裙、裤等。

袍 北京人称"大褂"。无论男女老幼、贫富贵贱均可着袍，袍是春夏秋冬居家或外出常穿的服装，有单、夹、皮、棉、纱多种，结构为圆领、捻襟、窄袖、开气、有扣襻。满族妇女上衣下裳不分，衣服之长足以遮住脚跟，袍子也不开衩，走路时要以不动尘土为标准，称"旗袍"。男子则衣、裳分开，上穿大褂，下穿裤子。

男袍长至脚面，下摆肥大，四面开衩，又称"箭衣"。皇太极时，长袍开衩成区分等级的标志，皇族宗室开四衩，官吏士庶开两衩，不开衩的袍俗称"一裹圆"，是便服。外出穿的袍子（行服袍）比平常穿的袍子（常服袍）短1/10左右，袍的右襟裁下一尺左右再用纽扣绾上，可随时解下，便于行走和骑马，俗称"行袍"。颜色上，皇帝用明黄色，皇太子用杏黄色，皇子用金黄色，官吏及命妇多用石青色和绀色，平民服装多用青色和蓝色。由于北京春冬多风沙，浅色不耐脏，民间袍褂多以深色为主，贫困妇女常常是终年一身蓝布褂，旗人妇女则讲究绣花，喜用象征吉祥的图案。

褂 是套在袍外的短衣，有补褂、常服褂、马褂等几种形式。内穿袍外着褂在清代北京最为常见。补褂是官服，衣长过膝，袖长过肘，对襟有扣。褂前后各缀一块表示官职差别的补子，一般为"文禽武兽"，颜色也按地位尊卑而定。常服褂是平常穿的褂子，形制与补褂大体相同，但无补子。马褂又称"行褂"，是外出时穿用，长仅及腰，袖口宽大，便于骑马，所以称"马褂"。马褂有对襟、大襟和缺襟的区别，对襟马褂多为礼服，大襟马褂为常服，缺襟马褂

清末书生服饰

多作行装。礼服马褂多用天青或元青色,常服马褂多用深红、浅绿、绛紫、深蓝、深灰等色。马褂的质料除绸缎外,还有皮毛,如玄狐、紫貂、猞猁等。

坎肩 是一种无袖短衣,便服,又称"马甲",由古代汉族的"半臂"发展而来,为满族所吸取。对襟、无领、无袖,可套在长袍外穿用,保暖而方便,男女老幼皆喜欢。

裙 本为汉族妇女服装,为满族妇女接受,是北京妇女通用的下装。筒式,套于腰间。同治、光绪年间逐渐改穿裤子。

大襟四开气坎肩

裤 长腰、宽裆、肥脚。裤腰高阔,要在裆上抿个褶再系裤带,裤脚肥,也要抿褶扎以腿带。腿带常为黑色,嫁妆为红色,戴孝为白色。

清末旗人服饰

鞋 又称"布鞋"。原为汉人足衣，满人采用。厚底，所以又称"千层底鞋"，白布绳边，鞋头多绣云卷纹，凸出鞋底之外，鞋脸上镶有皮条制成的单梁或双梁。鞋头常包皮，叫"打包头"，鞋底垫一层，叫"钉掌儿"。另有一种山底鞋，碎布垫底，线麻绳纳成，很结实，多为轿夫、车夫、担水夫等人穿用。冬季还有毡鞋、棉鞋、毛窝等。皮鞋也是清代北京鞋类的一种，其样式最初与布鞋相同。光绪年间开始有做西式皮鞋的小作坊，皮鞋也就逐渐发展成现在的样式。花盆底鞋是旗人妇女穿用的木底鞋，有二式，一为马蹄形，一为船形。履底高至四五寸，鞋面多施五彩刺绣。靴为满族贵族所穿用，以黑皮或黑缎制成，式样初尚方头，后尚尖头，朝觐仍用方头靴，称"朝方"。

帽 北京男子不分老幼，一年四季都戴帽。帽有礼帽、便帽之分。帽的质料，夏秋用纱，春冬用缎，颜色以黑为多，夹里用红，富者还用红片金或石青锦缎缘其边。还有平顶、尖顶、硬胎、软胎的区别。礼帽为贵族官吏所戴，秋冬戴暖帽，春夏戴凉帽。暖帽用缎、呢、皮等做成，呈圆形，周围有一道檐边，颜色以黑居多。帽顶装顶珠和花翎，以珊瑚、水晶制成，是等级身份的标志。凉帽无檐，与元代蒙古族的圆形瓦楞凉帽有渊源关系，多用藤、竹、篾席或麦秸编制，外裹绫罗，以白色居多，上缀红缨、顶珠。瓜皮帽是清代北京人的便帽，源自明洪武年间创制的六合小帽，取"六合一统"之意。以六瓣合成，缀檐如筒，又俗称"瓜皮帽"，是北京最普遍的帽子，沿用到民国初年。风帽也称"风兜"，用缎或呢做面，棉或皮做里，帽扇长，可护住颈项，为老年人冬季御寒所戴。耳帽由毛皮做成，用于冬季护耳御寒。

袜 多用白棉布做成，清末出现洋袜。因冬季严寒，男女老少都以宽窄棉线绑腿。

荷包 一般用绫、罗、绸、缎等上好质料制作，绣、织各种美丽的图案，形状各异。青年男女之间还有赠送荷包表达爱情的习俗。在清代，荷包既是有实用价值的装饰品、工艺品，也是礼尚往来的馈赠品。旧京时代，女儿在未出嫁前都要学绣荷包。

鸦片战争后，西式服装传入中国。不少新派人物和追求时髦的青年人开始穿着西服：有两件套（上衣下裤）、三件套（上衣下裤及背心）和单上装等多种组合，又有单排扣和双排扣、平驳头和戗驳头等不同样式。

民国时期，北京政界官服无统一定制，以穿长袍马褂者居多，成旧京一景。西服也成为社会主流服饰。妇女多着旗袍，20世纪30年代以后，取代上衣下裙成为最时髦的服饰。此时的旗袍与清代相比，腰身收紧，长度缩短，减少烦琐装饰。领和袖富于变化，领有高领、低领、无领之分；袖有长袖、短袖、无袖之别。线条简练优美，造型质朴大方，更能展示女性凹凸有致的体态，成为

民国时期的西服与长袍

中国妇女的主流代表服装。从事体力劳动者，仍然穿着传统的对襟、偏襟短衫衣裤，以适应劳动需要。民国初，孙中山先生倡导中山装。其样式是以南洋华侨中流行的"企领文装"为基础，上衣为对襟，翻折式小立领，4个贴袋，袋盖上有明眼，中间5个纽扣，袖口3个纽扣；裤子前面开缝，用暗纽，左右各一大暗袋，前面一小暗袋，左右臀部各挖一暗袋，用软盖。造型大方严谨，穿着方便，便于携带文具。

中华人民共和国成立以后，长袍马褂、西服革履、旗袍迅速退出人们视线，随之而起的是象征革命服装的"人民装"。人民装以中山装为基础改进而来，其款式特点是尖角翻领，单排扣和有袋盖插袋。从人民装又发展出"青年装"和"学生装"。随不同季节穿着不同服装，即所谓冬装、夏装、春装、秋装之类，但短衫衣裤、人民装依然是主流。受苏联影响，女子服装一度流行列宁服、布拉吉。受"文化大革命"政治思潮影响，服装式样单调，

20世纪70年代的"老三色"

颜色单一，"老三色"（蓝、黑、灰）和"老三装"（人民装、青年装、学生装）男女老少几无差别，着军绿色服装可以获得政治上的优越感。改革开放以来，经济社会发展，人们的穿着从耐穿、结实向美观、时新方向发展，服装款式花样翻新，品种千变万化，从国际流行的时装精品到中国传统的唐装，不同风格、不同层次的服装在街头随处可见。日常有休闲服，社交有礼服，工作有工作服，旅游有旅游服，年轻人尤重名牌服装。西服和各种时装成为服装主流，在时尚、款式和流行色方面，北京成为全国服装潮流的设计者、引导者。

传统饰物

从春秋战国到隋唐五代，北京人的饰物与中原相似，以金、银、铜、鎏金、鎏银等制品为主。辽代，入居南京的契丹人，男性喜戴大耳环，所留发绺常穿过耳环。冬季戴毡冠，冠上加珠玉、翠毛为饰。贵族佩饰多以玉石、玛瑙制作。金代，饰物显示地位、身份差别大，平民百姓不得以金玉犀象、玛瑙玻璃之类为器皿及装饰刀把鞘。妇人首饰不许用珠翠钿子等物，翠毛只许装饰花环冠子。元代，大都人装饰品除用金银外，还大量使用珠玉和宝石，尤其是贵族官宦之家。首饰品种多样，总体上来说，妇女首饰有包髻、面花、螭虎钗、竹节钗、倒插鬓、犀玉坫头梳、云月、荔枝、如意、秋蝉、菊花、琵琶、圈珠、葫芦、连珠镯等。但对饰物使用有严格的等级规定，一至三品命妇可用金珠宝玉首饰，四、五品命妇用金玉珍珠首饰，六品以下命妇用金首饰，耳环可用珠玉。至于庶人，妇女首饰可用翠花和金钗牌各一件，耳环可用金珠碧甸，其他首饰都用银制成。帽、笠等不得用金、玉做装饰。元大都妇女有戴花习俗，喜欢在发边插小桃枝。明代北京饰物以汉族传统饰品为主。市场上出现了许多著名的首饰铺。清代北京男子盛行大辫子，辫子上以彩丝系结，饰以金银珠玉等。妇女头上也插首饰，常用的有簪，用鎏银、珠翠、镂花嵌成各式珠花簪、压鬓簪，还有大扁方，即一字形的大长簪。承袭女真习俗，耳垂上要扎三个小孔，以备戴环，所谓一耳三钳，汉族妇女则一耳一坠。清代饰物工艺精湛，金手镯、金凤饰、金发钗、金发簪等饰物，用垒丝、盘丝、雕花、镂空等工艺制作，技艺精巧，式样古朴。其中的金凤饰，细部以盘丝、垒丝两种工艺做成，以手

清代女子服饰

摇晃，羽翎颤动，有飞动之态。时代发展到现在，北京人在饰物上更是讲究，金、银饰物已不是奢侈物，宝石、玉翠也大量使用，式样繁多，款式新颖。

服饰的吉祥纹样

北京人喜用象征吉祥的纹样，尤其是明、清两代，吉祥图案随处可见，其中以服装和饰物吉祥纹样较为典型。从题材上大致可分动物、植物、器物三大类。

动物类图案，主要有蝙蝠、鱼、龙、凤凰、麒麟、狮、猴、鹿、喜鹊、豹、虎、鹤、鸳鸯、羊等。

植物类图案，主要有松、竹、柏、梅、莲花、芙蓉、玉兰、水仙、百合、万年青、灵芝等。

器物类图案，主要有如意、古钱、磬、爵等。

其他还有神人类图案，如天官像、寿星像、福神像、财神像、喜神像、灶神像、西王母像（群仙祝寿图）、八仙献寿图、麻姑献寿图、门神像、钟馗像、和合二圣像等；符图类图案，如"双喜"字、"寿"字、"福"字、"卍"字、回纹、八卦图等。

吉祥纹样的大量使用，深藏着人们对吉祥的向往，在北京民俗中占有重要地位。

服饰的颜色象征

中国古代服饰的色彩代表高低贵贱与好坏吉凶，在中国人的心目中，颜色有明确的象征意义。在服饰的色彩上，一般视青、红、皂、白、黄为"正色"，其他颜色为"间色"。不同朝代对颜色各有崇尚，夏尚黑，商尚白，周尚赤，秦尚黑，汉尚赤，唐尚黄，金尚白，元尚黄，明清尚赤。从唐代以后，黄色长期被视为尊贵的颜色，往往天子权贵才能穿用。黑色与白色是中国传统中的悲哀色彩，一般用于祭奠，而红色则用于喜庆，这一习俗延续至今。虽然历代对服饰颜色的崇尚与贬斥处于变化之中，但从多数朝代对服饰颜色表示出的好恶来看，可将颜色分为三类：贵色、贱色和凶色。

贵色 黄色常令人联想到金子的颜色，因此有尊贵的寓意。唐代以后，黄色成为皇室的专用颜色。民间严禁有黄色服装。香色（绛纱）在清朝也成为贵色，等级仅次于明黄，民间一度禁用。

贱色 民间常以绿色、碧色、青色为贱色。汉代以绿巾为"贱服"，元、明、清时娼妓、优伶等"贱业"中用此服饰。元代，绿色几乎成了卑贱者同义语。当时官妓皆籍隶教坊，时人称妻女卖淫的人为戴绿头巾，或叫戴绿帽子。青色从汉至唐，大都视为轻贱之色。宋代以着青巾为不肖子弟、屠沽之徒。

凶色 北京人服饰上以黑、白两色与死人的事相关联，或者能令人想起阴间的勾魂鬼——黑无常、白无常，故称之为凶色。尤其在婚嫁、生育、过年、过节等喜庆日子里忌讳穿纯白、纯黑的衣裳，唯恐不吉利。上古时染术不精，人们穿衣并不忌纯白。唐宋时期，厌白尚彩风习普遍流行，幽州是以白为凶习俗的流行区域。黑色在中国民间是常用服色，因为染起来方便，穿着耐脏，比较实用。北京地区城里的体力劳动者和郊区农民，有穿黑色衣服的习惯，但一般忌讳纯黑，总要与蓝色、橙色、杂色搭配起来穿。即使上衣下裳一身黑，也要扎条棕腰带或戴个橙色帽子。给死者穿寿衣，要穿蓝衣，禁用黑色，俗以为穿黑衣会使死者转生为畜。

服饰的颜色禁忌

服饰颜色禁忌有两层含义：一层是在一定环境和场合中，忌讳某种颜色；另一层是由于颜色的尊贵性质而有禁例，黄色从唐代以来就被皇家所垄断，上自王侯下至庶民，谁用了就是"大逆不道"。后者已然超出民俗范畴，因此这里只记述前者。

红色忌 一般来说，红色是吉色，有喜庆的性质。但红色又与血色同，容易产生伤害、流血的恐怖感，所以丧葬期间送葬者禁忌穿红色衣裳，唯恐冲犯鬼魅、神灵。且红色属阳，其颜色与太阳和火相同，死者是赴阴间，着红色会引起阴阳不调，对逝者不利。旧时国丧禁忌一切人等着红色服饰。古人认为，白色"于凶事为吉，于吉事为凶"；而红色"于吉事为吉，于凶事为凶"。二者正好对应，白色是相反于吉、凶之色，红色则是相同于吉、凶之色。

紫色忌 孔子曾宣称"恶紫之夺朱也"（《论语·阳货》），认为紫色夺了朱色的彩头，可恶。西汉以后，儒家思想成为历代统治阶级的正统思想，孔子的话被奉为圭臬，紫色服饰也就成为许多朝代官场的禁忌。

艳色忌 浓妆艳抹，穿着华丽，在民间历来都是犯忌的。服饰的色彩应当与人的年龄、相貌、品行、德才相符合，如果不符合便有不守本分之嫌，被视为越轨行为。女人艳妆过分，被视为轻浮下贱之人；男人穿着鲜亮过头，被视为浪荡好淫之辈。

中华人民共和国成立后，在很长一段时间里，由于"左"的思想影响，服饰颜色除了黑、灰、蓝"老三色"，其他大部分颜色成为新禁忌。如今北京人服饰的颜色，主色与间色纷呈，艳丽与庄重共处，服装业每年都发布流行服装和流行色，年轻人喜欢打扮，"老来俏"不再是贬语，而成为一种风尚。

礼仪服饰 民族服饰 职业服饰

礼仪服饰 是指人作为社会个体的地位和角色，在其一生中几个重大环节仪式上所穿的服饰，如诞生礼、加冠礼、婚礼、寿诞礼（一般是在50岁以上的整寿数）、丧礼。其中最重要的是婚礼和丧礼，最受瞩目的当属婚服和丧服。

婚服，为结婚的新人在喜庆佳期所穿的服装。北京地区的婚服，新娘从盖头到衣裳，都以大红为主调；新郎无论是穿长袍马褂还是着唐装，都要披红挂彩（胸前戴大红花）。现代人婚礼，新娘往往穿洁白的婚纱，打破了吉事忌白的老传统，在农村有些地方，婚礼仍沿袭旧俗。

丧服，有两方面：一是送葬人服装，一是死者装裹。前者称孝服，后者叫寿服。孝服有近亲、远亲及一般邻舍朋友之分，有重孝和轻孝之别。有帽衫俱全的全孝服，也有有帽无衫的半孝服。孝带的长短，挂左还是挂右，也有讲究。白布包鞋，有全包的，有只包鞋尖一段的。孝服中的五服，以亲疏为差等，有斩衰、齐衰、大功、小功、缌麻5种名称，统称五服。五服中最重的一种是斩衰，其服用最粗的麻布做成，不缉边，使断处外露，以示无饰。其次是齐衰，用粗麻布做成，以其缉边，故称齐衰。再依次是大功、小功、缌麻，服用细麻布做成，关系越远，做工越精。满族孝服不披麻，男不戴白孝帽子，帽头用黑色帽疙瘩。寿服穿蓝忌黑，在北京乃至北方地区，无论死者是严冬还是酷暑辞世，寿服都是棉的，以便死者在阴间安然过冬。中华人民共和国成立后，经过殡仪改革，北京城乡情况发生了很大变化，除农村的个别地方还按旧俗送葬外，绝大多数人不再穿孝服，而是以臂戴黑纱，胸前缀小白花以悼念逝者。

民族服饰 传统民族服饰，是各民族具有标识性的礼仪服饰。中国 56 个民族，均有独特服饰。56 个民族都有人在北京工作、学习和生活，每当重大节庆活动时，各少数民族代表均着民族服饰参加。传统民族服饰有 4 个特点：一是以丝绸、锦缎面料为主；二是织有吉祥纹样；三是色泽鲜艳明快；四是线条流畅自然。20 世纪 90 年代开始，民族服饰逐渐成为各少数民族过传统节日和个人喜庆日的礼服。

职业服饰 古代官吏的官袍、官帽（或顶戴），衙门里的衙役装，文人学士的儒装，武将的铠甲，兵士的战衣，都应属于职业装范畴。因此儒生被称作"青衿"，兵士被称为"甲士"，可见服饰早已成为某种职业人士的标识。

明代至近代，饭馆伙计多是头戴一把抓的小帽，身穿大襟袄，大裆裤，腰围一圈有褶短围裙，肩搭一条白手巾。这种"店小二"形象已经深入人心，还被保留在中国传统戏剧之中。明清以来的经商者大都青布帽衬，黑布马褂，灰布长袍，见人垂手低头而立，随商业发展成为被定型化了的商人形象。

现代都市兴起，世界规模的职业装越来越为人们所重视，如邮递员、医务人员被人们亲切地称为"绿衣使者"和"白衣天使"，说明职业装在人们视觉印象中反复重叠而形成的文化元素。改革开放以来，各部门、各行业为树立自身形象而开始注重职业服装。除公安、检察院、法院和交通、邮政、海关等服装由国家统一外，北京地区相继推出适合首都特点的职业装，工商、税务、城管等政府管理部门都是整套制服。各大企业、商厦的安保人员也着专门制服。还有某些学校、科研室、精密仪器车间等处的特定着装，饭店、商场、公共交通行业的特色着装，环卫、搬运等体力劳动者的特殊着装，展示了服饰的行业特色和职业特点。

服装业及老字号

北京的服装业是众多行当中的一个大行业，可分为成衣业、估衣业、服装翻改业、西服业、皮服业、洗染业、靴鞋业、编织业等。

成衣业 指以成衣为主的服装铺。又有成衣铺和成衣摊之分。成衣铺有自己的铺面房，属常年经营，往往会有长期主顾，因此服装品种繁多，剪裁合体，缝制考究，熨烫细致。而成衣摊只是两条长凳架一块单人床板的买卖，多夏、秋季出摊，无字号门脸，现量现裁，样式一般，工艺也比较粗糙，优势是速度快而且收费较低。因为没有固定的经营地点，也没有长期的主顾，做衣服的人怕受骗上当，"立等可取"成为可以接受的办法。

北京的服装手艺人过去被称为"裁缝"和"成衣匠"，其所制服装样式大致可分为南、北两派。北派从业人员以河北深县（今深州市）、枣强县为多，南派则以上海、南京人为多。从服装式样来说，南派服装受西方影响较大，花样迭出，式样新颖，引领服装潮流，但价格贵，主顾以富家子弟、官户人家居多；北派服装价格较为便宜，式样传统，颜色也较南派服装稍逊一筹，主顾以北京本地居民为多。

估衣业 老北京的商业贸易中,言无二价者称为"买卖",漫天要价、就地还钱者称为"生意"。估衣业是最典型的一种生意。所谓估衣就是上过身的衣物,不论新旧哪怕只穿过一次,再卖时也称作"估衣",即"估质估价"的意思。估衣来源:一是打当而来,穷苦市民典当的衣物因届期已满而无力赎回的成为死当,当铺就将这些死当衣物成批卖给估衣铺;二是由新货局趸来,新货是小本经营的袜子铺,也兼卖单衣裤褂。由于洋袜、线袜流行,布袜失去市场,估衣铺便大量购得布匹,转包给坊间的女工或成衣匠缝做成衣服,由于材料较劣,手工粗糙,正规市面很难销售,虽然是新衣,但仍然是估衣铺的主打产品;三是从夜市或黑市上收集而来,有偷盗的赃物,甚至有死人穿过的衣服。

估衣有"京估衣"和"怯估衣"之区分。京估衣指的是估衣铺、估衣摊自家销售的衣物;怯估衣指的是本小者从估衣摊趸出来售

旧时估衣摊

卖，卖不出去再退回原估衣摊的衣物。卖估衣全凭吆喝来招揽生意，两人一伍，一唱一和。叫卖的二人常常要低声交谈贩卖情况。北京人卖估衣的风俗一直流传至今，现今北京市面上，市民要买服装必须学会砍价，否则就会挨宰。购买估衣的人，不光有城市贫民，还有来自郊区的农民。有的估衣铺还在大秋之后到农村的集市上去卖估衣，货物的档次更为低下。

服装翻改业 经营的品种是翻改旧衣、缝制新衣、缝制风衣。翻改的旧衣来自旧货集市或鬼市，将旧衣拆开，洗净，烫平，整旧如新，然后卖给旧衣铺进入市场销售。缝制新衣，大都购买便宜布匹，制成成衣，大部分运往东北、西北和京郊门头沟、长辛店工矿区发卖。缝制风衣的作坊主要缝制夹克式制服，供给东安市场、西单商场等服装摊出售。

西服业 清末，西式服装成为北京服装业的重要门类，西服店数量很多。西服店大都门店卖料，量体裁衣，后店缝制，一般不接来料加工，不卖成衣。当时的面料有高档的毛、呢料子，还有不少国外进口的哔叽、司泡太克斯、司泡丁、派力司、凡尔丁等。北京的服装手艺人往往一辈子只缝制一种款式的服装，手工操作和少量的机器操作是主要工作状态，三四名工人共用一台缝纫机，熨斗是中间烧木炭的，需用嘴将木炭吹旺才能使用，后改用火炉烧的铁熨斗。剪裁用手剪，锁扣眼、钉扣子、折边也全是手工。如此技术装备，必然造成北京服装式样简单、缝制粗糙的特点。20世纪80年代以后，北京西服业飞速发展，一大批老字号企业恢复生机，一些新企业诞生，一大批西方名牌服装传入，使北京西服业无异于西方任何大都市。

皮服业 清朝末年，封建统治岌岌可危，达官贵族收入拮据，官服式样由蟒袍补褂改为长袍马褂，女服由敞衣裙子改为旗袍，西服也同时兴起，所以大量顾绣服装因无法穿用而流入估衣市场。这些顾绣产品花型各异，绣工精细，色彩悦目，恰好符和外国人欣赏要求。花钱不多，既可收藏，又可馈赠，因此引来外国生意人大量购买。这样估衣业中出现专营顾绣的店铺，低买高卖，获利颇丰。顾绣行还培养英语人才，买卖越做越大，由卖顾绣、锦缎、地毯发展到制作供应裘皮大衣及各种皮毛制品。北平解放后，苏联和东欧一些国家人员的到来为北京皮货服装行业带来新的商机。这些国家冬天寒冷，穿裘皮大衣和皮革服装极为普遍，使北京皮制服装成为畅销商品。1956年，公私合营，北京皮货服装店经过兼并整合，组成建华皮货服装店，成为北京唯一一家皮货服装店，主要生产供应长毛绒长短大衣、男女布面皮猴、皮革服装、裘皮长短大衣、镶头皮褥及皮里、皮领等皮毛制品。既供应成品，也量体裁衣，质量求实，做工精细，式样新颖，蜚声中外。

洗染业 洗染是北京老行当。老北京居民无论贫富都喜欢用白布染色、用旧衣服套色，所以染坊也很多。金代中都官方设有织染署。明清北京宫廷有御用织染局，民营有"绸缸""布缸"等洗染作坊。民国初年，西式洗染传入，打破北京洗染业延续几百年的手工操作方法，开始使用肥皂、纯碱和汽油为原料进行干洗，并采用化学染料（合成染料）的西法洗染技术。中华人民共和国成立以后，驻京外国人越来越多，北京洗染业无法满足各方需求。

1956年7月，上海著名的普兰德洗涤公司和中央洗染店迁入北京，开设了中央普兰德洗染店（"文化大革命"期间改为首都洗染厂）。20世纪90年代，中央普兰德洗染店是首都规模最大、设备技术先进、服务项目齐全、洗染质量优良的综合性大型洗染企业。

清末民初大顺号染坊

靴鞋业 在北京，靴子主要有两类，一类是文武官员穿用的厚底皮靴，另一类是习武之人穿着的薄底快靴。鞋有双脸鞋、靸鞋和千层底小圆口鞋等。棉鞋有大云头，就是现在人们俗称的"老头乐"，此外还有雨鞋，称"油靴"。女鞋种类比较少，主要是旗人穿着的木底"花盆底鞋"和绣花缎鞋，后来又出现了"放足鞋"，是为那些缠小脚的不缠了，形成半大的脚，又称"改造脚"的女性设计制作的。

北京的靴鞋行在明清时已成规模。清代康熙年间成立"缝绽公会"，有500余人参加，后来逐渐发展为行会，也有了较细的分工，靴鞋行又分为"缝、绱、切、圈、排"五大行。缝行专做鞋帮，切行和圈行专做鞋底，绱行和排行专做靴鞋。老北京靴鞋业的五大行经营形式不同，大致又可分为四种类型：第一种是店铺附设作坊，即前店后厂，这种鞋铺做出的鞋工艺精湛。第二种是专为鞋铺加工的作坊，没有门市，主要活路是绱鞋、缝脸和缉鞋口，俗称"卖活作坊"。第三种是零星加工的作坊，往往只有一间门面，旧时也叫"揽活屋子"。第四种是为鞋铺加工的个体劳动者，承揽鞋铺"包活"，领取加工费。

编织业 北京先民结绳为服，是最早的编织。20世纪20年代后，毛线衣、毛线外套、毛线围巾、毛线帽子等都是北京中上层人家喜爱的穿戴，30年代后，北京妇女学习手工编织，自织帽子、围巾、背心等，逐渐形成风气。40年代出现以专业编织毛衣为业的家庭，客户买毛线，专业户出款式并进行加工。50年代后，毛针织、棉针织在北京形成产业，针织品主要用于人们的内衣。

服装老字号 随着北京服装业的发展，在北京特有的政治、经济和文化的大背景下，有一些店铺因产品质量可靠而赢得了良好的社会声誉，逐渐诞生出一批驰名中外的老字号。比如民国时期北京就用"头顶马聚源，脚踩内联升，身穿瑞蚨祥，腰缠四大恒（四家有名的服装业店铺）"来形容有钱有势的人，其中就有前门外大栅栏的马聚源帽店、内联升鞋店、瑞蚨祥绸布店。双顺服装店、黑猴儿帽店等也是当时很有名的老店。

清末民初瑞蚨祥绸缎庄

饮食民俗

北京资源丰富，为饮食提供了丰厚的物质基础。一年四季，水陆八珍，风味小吃，联翩上市。北京是千年古都，又是"五方杂处"的移民城市，不同层次的人员在此生活，多民族的文化在此交融，宫廷菜、官府菜和平民菜肴、风味小吃，都能在此集大成。中华人民共和国成立后，北京作为首都，是国家对外交往的窗口，各省市美食在此展示，国外的西式餐点落户北京，使北京的饮食包容并蓄、推陈出新，形成了独特的饮食民俗。

北京人的主食

战国以后，由于农业快速发展，黍、稷、稻成为燕人的主食，稷是谷子，黍颗粒较谷子略大而黄，通称黄米或大黄米。东汉初年，渔阳太守张堪积极开发水利，引水灌田，在狐奴（今顺义）开辟稻田八千余顷。东汉以后已有较先进的储粮设备陶仓和加工粮食的陶磨、陶碓。唐代，粟是幽州人的主食，杂粮有豌豆、大麦、荞麦、胡麻等。

北京人的饮食以农作物为主，以畜牧渔猎物为辅。这一饮食结构在辽代少数民族入居北京后也是如此。辽代南京人的主食是小麦和稻，因此小麦和稻的种植量很大。生活器具以铁制为主，有一种类似现在饼铛的平底釜，证明面食是辽代南京人的主要食物。女真刚刚进入中都时仍保持传统的以肉食为主饮食习惯。随着农业发展，与汉民朝夕相处，女真人逐渐在主食上与汉民无太大区别，无非是粟、黍、稻、稗、麦、稷、菽、荞麦、穄等。面食常做成汤饼、馒头、烧饼、煎饼，米食则多做成粥。

元大都民族成分以汉族和蒙古族为主，随着历史发展，饮食习俗互相影响，蒙古族被"汉化"，汉族也吸收了蒙古族许多生活习惯。总体上主食以米、面为主，稻米加工成饭或粥食用，粥又称"水饭"，贫困人家如匠人早晚就多吃水饭，节约粮食；宫中也有粥,但主要作为保健食品,如乞马粥、汤粥、河西米汤粥等,是将米和羊肉放在一起熬制而成。面粉主要加工成面条、馒头、烧饼、扁食(饺子)、烧卖,宫中就有春盘面、山药面、挂面、经带面、皂羹面、羊皮面等品种。馒头如包子一样有馅,宫中有仓馒头、茄子馒头、鹿奶肪馒头、剪花馒头等样式,所用馅以羊肉、羊脂为主,添加鹿奶肪、茄子等物,并进行调味。民间馒头或用羊肉,或用猪肉。有经卷儿,就是现在的花卷。烧饼与现在做法相同,宫中有黑子儿(黑芝麻)烧饼、牛奶子烧饼,民间有芝麻烧饼、酥烧饼、硬面烧饼等。其他用作主食的还有大麦、荞麦、粟、蜀黍、豆类等。

明代北京的饮食文化以汉族传统饮食为主,以各少数民族饮食为辅。主食仍然是米和面,诸如小麦、高粱、水稻、小米、大麦、荞麦、绿豆、黑豆等。

清代是北京饮食文化集大成的时代,北京饮食基本形成了现在的格局。主食以米食和面食为主。米食主要吃米饭和米粥。面食花样繁多。杂粮品种有高粱、粟米、玉米、小米、荞面、豆面等,豆类则有黄豆、黑豆、青豆、白豆、褐豆、紫豆、赤豆、绿豆、虎斑豆等。一般来说,北京普通人家常常是粗粮和细粮搭配食用。

中华人民共和国成立以后,北京人基本继承了前代习惯,家常饮食格局没有大的变化。相对来说,由于人口流动更加频繁,来京的南方人较多,主食习惯上较前代更偏重于米食。经过20世纪五六十年代物质匮乏的"果腹"时期,有啥吃啥的六七十年代的"票证"时期,吃啥有啥的八九十年代的"丰俭由人"时期,进入 21 世纪后，已经开始了"健康饮食"的时期。北京人的主食品种，主要有窝头、米饭、米粥、馒头、面条、花卷、烧卖、饺子、包子、烙饼等，还有提篮小贩的春饼、煎饼、贴饼子、烧饼等，品种丰富，满足了人们的味蕾需求。

北京人的副食

肉食 夏商时期，北京人已经学会将饲养、驯化的猪、狗、羊作为肉食的主要来源。到战国，马和牛是蓟城人主要的肉食。辽代南京，汉人饮食以粮食、蔬菜为主，但因地处北域，肉食较中原地区为多；契丹人则以乳类和牛羊肉为主。上层社会重野味，如熊、鹿、雁、兔、鸳、貉、鱼、鹅等。肉食做法有濡肉、腊肉、肉酱数种。濡肉是煮肉，腊肉易于保存，肉酱即肉馅。契丹人还有生吃兔肝的习惯。金代中都的女真人在立国初期，仍保持传统的以肉食为主的习惯，猪、羊、牛、鸡、犬、兔、马、驴、鹿等都是日常食品。肉类的食用方法在早期或烤或煮，后来学会了制作肉酱、肉汁、肉干等。

元大都人的肉食可分家畜、家禽、野生和水产几大类。家畜肉有羊、猪、牛、马、驴等，家禽肉有鸡、鸭、鹅等，野生动物肉有鹿、獐、兔、黄羊、天鹅等，水产品有各种鱼类。肉类制品是蒙古人的主要食品，蒙古名菜有所谓"行厨八珍"，其中的驼蹄羹、驼鹿唇、驼乳糜、天鹅炙都是肉制食品。羊肉在肉食中地位最重，宫廷饮食以羊肉为主，皇帝御膳"例用五羊"，以羊肉为主料或辅料的食物有70多种，占总数的80%。民间食用羊肉也极普遍，富家子弟早起就要"打饼熬羊肉，或白煮羊腰节胸子"，举行宴会首先要买"二十只好肥羊"，送生日礼物是到羊市"买一个羊腔子"，日常生活以煮熟的"干羊脚子"下饭（见《老乞大谚解》）。大都食物之丰在当时是有名的。

明代北京，肉食有猪、羊、虾蟹等及各种野味。

清代北京人的肉食主要是猪、羊。京师官宦之家饮食之奢侈发展到极致，同治、光绪年间，一有盛宴，食品就多达50余种，宴席上除燕窝、鱼翅、烧烤外，尤其重视活鱼、白鳝，鱼翅必须用镇江肉翅。当时外国肉制品也进入京师，诸如火腿、洋肉脯等，供达官贵人享用。

蔬菜 北京地处北域，蔬菜品种和数量不如南方丰富。辽代，南京城内的蔬菜种植较为广泛，城中专门辟有菜园以供宫廷需要，地主庄园和大寺院也有专门的菜园。金代中都菜蔬品种逐渐丰富，主要有葱、姜、蒜、韭、芹、笋、豆等。因北方天气寒冷，冬季无新鲜蔬菜，因此女真人和汉人都有秋季腌制咸菜或酸菜的习惯，这一习惯一直保持到今天，吃酸菜成为北京人的一大爱好。

生长于草原地区的蒙古人原来是不吃蔬菜的，进入中原以后，蔬菜逐渐成为他们饮食的重要组成部分。一般来说，大都城内的皇室和贵族，副食品仍然以肉食为主，普通百姓则以蔬菜为主，形成了鲜明对比。

明朝北京市民食用的蔬菜一般由北京城郊供应，四郊开辟了大量菜田，蔬菜品种很多，以白菜和萝卜最为有名。每到冬天，北京家家户户掘窖贮存大白菜，这种习惯一直保持到北平解放后。

清代北京蔬菜品种繁多，种植量很大，主要品种有白菜、萝卜、油菜、蒜苗、芹菜、土豆、茄子、黄瓜、韭黄、胡瓜、丝瓜、菠菜、莴苣、冬瓜、山药、扁豆、葱、蒜、豌豆、辣椒等。白菜和萝卜是北京人冬季的当家菜，每到农历九月，市民都要贮存白菜、萝卜、蒜、大葱之类的蔬菜以备越冬。冬季，北京人爱腌制菜蔬，其中以酸白菜和雪里蕻最有名，北京人至今仍爱吃。北京的酱菜也久负盛名，"四大酱园"的天源、天益、天盛、天兴就精于酱菜，名菜有酱萝卜、酱疙瘩、酱瓜、酱八宝等。

果品 北京的西部和北部，山峦起伏，昼夜温差大，有利于保存果品糖分，自古以来，北京果品产业非常发达。战国时期的蓟城就盛产枣与栗，鱼、盐、枣、栗是燕蓟地区与中原内地进行商品交换的重要物资，封建社会的地主往往因拥有大面积的栗园和枣园而巨富。辽代，南京果品有栗、桃、杏、李、柿、枣、樱桃、梨及各种瓜类，以栗子最多，还设有专门机构管理栗子的生产和收取赋税，称"南京栗园司"。因地处北方寒冷之地，果品生长不易，人们视果品为珍品，常制成蜜果、冻果、酒果，以便于储存。蜜果相当于现在的蜜饯，有蜜晒山果、蜜渍山果等。酒果类似现在的醉枣，又称酒果子。冻果是契丹人的创造，就是将水果冰冻结实，吃时敲去冰层，味道依然鲜美。至今北京西部山区人民每到冬季还有制作冻梨、冻柿子的习惯。金代中都瓜果类以西瓜最受欢迎，西瓜从西域进入北京是在辽代。中都果品还有枣、榛、桃、栗、梨、樱桃等，以栗、梨最有名。

到元大都，日用果品更加丰富，主要有梨、桃、李、梅、樱桃、柰（沙果）、杏、枣、柿、瓜、葡萄等。桃就有山红桃、鹦嘴桃、御桃、大拳桃、络丝桃、九月桃、冬桃、冈子桃、麦熟桃、胡桃等，梨有香水梨、小山梨、绵梨、大梨等品种，瓜类有西瓜、甜瓜、青瓜等，杏有拳杏、桃杏、山杏、黄杏，枣有牵丝枣、扁枣、胖小枣。果类常生食，也曝干成脯，还制成各种饮料。

清代北京果品也很多，《大清一统志》在记载顺天府土产时，列举十几个鲜果品种，有枣、桃、白樱桃、杏、梨、栗、柰、榛、葡萄、苹婆果、文官果等，特产还有苹果、柿子、红果、桑葚、石榴、槟子、秋果、香果等，水鲜有菱角、芡实、荸荠、莲蓬、藕等，干果有核桃、榛子、栗子、花生等。桃又分毛桃、扁桃、金桃、白桃、红桃、阳桃（猕猴桃）等，梨可分鸭梨、秋白梨、雪梨、红霄梨、沙梨、秋梨、蜜梨、紫梨等，杏有八达杏、四道河杏、香白杏、海棠红杏等，栗有板栗、鹰爪栗、霜前栗、金石栗，枣有酸枣、山枣、无核枣等。瓜以西瓜和香瓜为主。这一时期，外地瓜果纷纷进入北京，有橙、柚、佛手、柑、橘等。新疆所产葡萄为京师人所喜爱，雍乾年间移植入北京。葡萄种类各异，有白、绿、紫三种颜色，有长如马乳者，大葡萄中小一点的名为"公领孙"，还有一种小的名"琐琐葡萄"，还有绿葡萄，是一种无籽葡萄。除葡萄外，新疆的哈密瓜也流入京师，并不普遍，作为贡品只有上层统治者食用，乾隆常以之赏赐大臣。

调料 盐是北京人最早的调料，北京东部濒海，是重要的产盐区。后来，北京人慢慢用醋、油、酱、酒、糖等其他调料。酱有豆酱和面酱；醋有米醋、枣醋、桃醋等；糖主要是砂糖，有黑、白之分；食用油脂常用羊油、酥油（从牛乳中提炼）、麻油、豆油、菜油、芝麻油、花生油、大油等。其他调味品还有胡椒、茴香、桂皮、豆豉等等。调味品除了用于肉食、蔬菜之外，还常常用于主食，尤其是盐，面食制作中常常用到。

北京还有一些特色传统调味品，如韭菜花儿、辣椒糊、臭豆腐、甜面酱、稀黄酱、熏醋、酱油等，可谓应有尽有。

北京人的饮料

水 水是人类最早，也是最基本的饮用品。北京无论是作为北方重镇还是王朝帝都，长期缺水，历代为开拓水源都付出极大努力，北京流传着不少有关"寻水""赶水"的民间传说。在漫长的历史发展过程中，北京人吃水以井水为主。北京地下水较为丰富，水质亦佳。20世纪50年代中期，配合永定河引水工程，考古学家发现春秋战国时期和汉代古陶井150余座。另外配合上下水道工程和南护城河的加宽工程，发现了65座陶井，分布最密集的地方是宣武门至和平门一线。这里是燕国蓟城所在，可见井水是当时人们主要的饮水来源。这种取水方式一直保持到明、清时期,直至自来水出现之后才逐步退出历史舞台。

北京的井水有苦水和甜水之分。北京以苦水为多,甜水较贵,一般人家只能掺杂使用。城内有专门给住户送水的担夫,取水之处称"井窝子"或"水屋子"。送水用的水车是二把手单轮水车,两边各有大小柜,装满水有500斤上下。近现代,人工压水井在北京较为普及,北京市民吃水一般都靠这种压水机从井中汲取。

旧京水车送水

除井水外,北京人吃水还靠地表水和泉水。地表水杂质多,一般是下层市民使用。皇宫用水全靠西郊玉泉泉水。水车通过西直门将玉泉水运入大内,日达80罐之多。水车是老北京专用于取水的工具。骡马驾辕,车上系一大桶,桶盖上有方口,桶底有圆洞。水车行走甚慢,车上覆以花纹苫布。行人、车辆每遇此车,都要立即让路。尔后,一些达官显贵之家纷纷仿效,用水车由右安门内姚家井运取饮水。

清光绪三十四年(1908年),清政府实施自来水工程,成立"京师自来水有限公司",清宣统二年(1910年)三月廿日起正式向北京城内供水,这是北京市民历史上第一次用上自来水。到1947年,北京城自来水普及率为13.5%,多集中在东西二城,用户多是富有人家。大部分市民仍只能吃机井水或者从手推车、售水站买水，郊区则以土井和沙塘水为主。中华人民共和国成立以后，政府大力开发水源，地表水收集主要靠修建水库，至1989年，建水库84座，大型水库有官厅水库、密云水库、怀柔水库等。陆续建起十余个水厂，自来水进入千家万户。

酒 北京人爱喝酒，早期墓葬中发现的大量酒器就是明证。居中都的金代女真人就以酒为主要饮料，尚豪饮，各种场合都要饮酒，男女婚嫁、节日、将士出征、大宴、祭祀等，酒都是不可缺少之物。元灭金，入居大都的蒙古人嗜酒程度，与女真人不相上下。当时，燕地生产的酒颇负盛名，人称"燕酒名高四海传"。

北京地区酒的种类，各个朝代有所不同。元代以马奶发酵而成的马奶酒，是大都人的主要饮料。皇家贵族还有专用取乳的马群。葡萄酒，也是大都人的主要酒类，并和马奶酒一样，都是宫廷的御用酒。大都酒使司有专收葡萄酒税一项，可知当时的大都葡萄酒产量之高。其他的果实酒还有枣酒、葚子酒等。以粮食发酵制的粮食酒，是大都民间的主要酒类。大都酿酒时常在酒中加入各类药材，酿成各式保健酒，比如宫廷里就有虎骨酒、地黄酒、枸杞酒、羊羔酒、五加皮酒、小黄米酒等。以药入酒的方法在民间也常常被采用。酿制果酒和粮食酒常常采用蒸馏加工方法，时称"阿剌吉酒"。蒸馏制酒是中国制酒史上的一大革命。

明代，北京酿酒业更加发达，酿酒作坊和酒店在市井间随处可见。当时的北京制酒可分成宫廷酒和民间酒两大类。宫廷酒在宫城的御酒坊和廊下家制作，所造名酒有竹叶青、满殿香、药酒五味汤、金茎露、真珠红、长春酒、太禧白等。民间造酒业也很兴盛，或者由作坊制造，用于出售；或者自酿，用于自家饮用。作坊酿出很多名酒，如腊白酒、玉兰酒、麟酒、刁家酒、黄米酒等。民间自酿自饮用酒以煮酒为多，每年二月，各家煮夏之酒，八月又造新酒。此外还有各种节令用酒，如正月饮椒柏酒，端午饮菖蒲酒，中秋饮桂花酒，重阳饮菊花酒等。烧刀又名"烧酒"，是明代北京下层人民最爱饮用的酒类。明代前期，每年从全国各地运送来京的烧酒多达 4 万篓，可知北京人对烧刀的爱好。

清末民初，北京市面有啤酒，来自德国和日本等国家。民国 3 年（1914 年），创设"双合盛啤酒厂"，这是北京最早的啤酒厂。双合盛造酒用的大麦来自河北徐水、宣化等地，酒花则从德国、奥地利等国进口。民国 5 年（1916 年），北京"五星牌啤酒"正式出厂，啤酒质量丝毫不比进口啤酒逊色，而且价格低廉，很快畅销于北京、天津、上海、汉口、济南等大城市，而后又经天津转销中国香港及南洋群岛，成为北京地方名酒。

清代酒业有"酒品之多，京师为最"的赞誉。当时的北京有三种酒店。一是南酒店，除卖通州的竹叶青、良乡的黄酒之外，还有南方进京的绍酒、汾酒、女贞子酒等，因此称之为"南酒店"；二是京酒店，卖雪酒、冬酒、涞酒、木瓜酒、干榨酒等，多为北京自产酒；三是药酒店，所卖多为烧酒，常以花入酒蒸成，名字也因入酒花草的不同而繁多，如玫瑰露、茵陈露、苹果露、山楂露、葡萄露、五加皮、莲花白等。北京颇具地方特色的酒店称为"大酒缸"，繁华的街头和临近闹市的巷口，大都设有这样的酒肆。与通常的酒馆不同，有一间或者几间门脸，进门都是一字形或者曲尺形的木柜台，柜上放着许多大瓷盘，盘里盛着应时的酒菜，有荤有素。柜台外边摆着几个大缸，缸上是朱红油漆的大缸盖，这也就是酒客们的饮酒桌，"大酒缸"也因此而得名。顾客们坐在缸周围的方凳上，一边品酒，一边与酒友天南地北地闲扯，交谈社会新闻、掌故逸事、内幕消息、商业行情，大酒缸也因此成了北京人了解市面新闻的重要场所。这里没有高低尊卑、贵贱贤愚之分，饮客不论相识与否，大都一见如故。大酒缸的经营者大多是山西人，以售卖白酒、黄酒为主，配以炮羊肉、炖鱼等下酒菜，外加刀削面、拨鱼儿等主食，客人花钱不多便可酒足饭饱，肠暖胃开，非常受老北京人欢迎。

茶 茶是中国传统饮品之一，始于魏晋，兴于唐宋。北京人喜欢饮茶，"开门七件事，柴米油盐酱醋茶"，茶虽然排在最后，却是老百姓生活中"当家饮品"。茶叶多从浙江、安徽、福建等地输入。

辽代南京，饮茶是契丹人日常饮食的一部分，因为契丹人以乳类和肉食为主，茶有助于消化乳品和肉类，饮茶则气滞消，因而茶成为他们与中原王朝主要的贸易项目，称"茶马互市"。到金代中都，茶的珍贵甚至高于酒，从达官贵人到平民百姓，均喜饮茶，街上卖茶商铺比比皆是。当时，中都的茶叶主要来自南宋的岁贡，或者从与宋人交易的市场上购得。茶也是元大都人的重要饮料，上自王公贵戚，下至贩夫走卒，饮茶成为各民族各阶层一种共同嗜好。元代名茶有福建建宁的北苑茶和武夷茶、湖州的顾渚茶、常州的阳羡茶、绍兴的日铸茶、庆元慈溪的范殿帅茶等。

蒙古人饮茶，常常在茶中添加许多作料，如盐、姜、香料之类。宫中有香茶，以龙脑等珍贵香料、药材和茶配制而成。元代，北京有了花茶，时称"百花香茶"，是将木樨、茉莉、菊花、素馨等花置于茶盒下熏成。到了清代，花茶配以晒干的茉莉花，也就是现在北京人最喜爱的茉莉花茶。

北京人喝茶有很多场所，起源最早的是茶坊，茶、酒合一。茶馆、茶园、茶楼、茶座，都是卖茶的铺子，只是随着时代变迁，名称有所变换，经营方式有所不同。茶社是带有票房性质的茶馆，爱此道者时常在这里聚会。还有边喝茶，边听评书、鼓词的书茶馆，边喝茶边对弈的棋茶馆。最低档的是卖大碗茶的茶摊，顾客多为车夫、杠夫和口渴的过路人。

乳品 北京人有喝奶的习惯，这是历代少数民族传下来的习俗。契丹人就喝各种动物之乳，如马奶、羊乳之类，还用动物乳制成乳粥、乳酪、乳饼食用。元大都蒙古人也喜欢饮用各种家畜的奶，其中以牛奶最多。还有一种"树奶子"，是白桦树汁，产于俄罗斯，主要供居住在大都的俄罗斯人饮用。受蒙古族习俗影响，清代北京满族人喜饮奶茶。奶茶具体做法是在牛奶中加适量奶油和黄茶、青盐，置于火上煎熬而成。在清宫中，皇帝用膳毕，御膳房都要适时备供奶茶。由于满族人好这一口，清朝中叶以后，奶茶铺在北京街头应运而生。这种铺子门面一般不大，一律白木方桌、条凳。靠墙有一只使用天然冰块的木制冰箱，奶酪、奶卷、奶饼等奶制品分层分类放在冰箱里，随卖随取。20世纪20年代末期北京的奶茶铺消亡。

北京传统风味食品

　　传统风味食品在北京俗称北京小吃。北京小吃随春、夏、秋、冬的变化更换品种。春回大地的季节，艾窝窝、年糕、豌豆黄相继出现在市面；骄阳似火的夏天，冷凝脂滑的杏仁豆腐、奶酪、漏鱼、酸梅汤能使人们去热止渴；金风送爽的秋季，江米藕、栗子糕、八宝莲子粥展现在人们面前；北风怒吼的隆冬，热腾腾的盆儿糕、羊肉杂面、白汤杂碎可给人祛寒送暖。

　　北京小吃还应节令。农历十二月初八是腊八节，北京人视为"年禧"即将到来的信号，这一天要做腊八粥，做好后先供佛祀祖，然后亲邻互馈和自家食用。江米年糕，上面加小红枣或小豆馅，压成圆坨，切成片，上撒白糖，加青红丝、山楂糕条，五颜六色，引人食欲。过年吃年糕，谓之"年年高"。上元节吃元宵，为北京人的节俗。端午节吃粽子，虽然南北都有此习俗，但粽子风味不同。中秋节吃月饼，取"月圆人团圆"的佳意。北京有自来红、自来白、提浆月饼、翻毛月饼等传统品种。现在还有广式、苏式、潮式等各式月饼，丰富了北京的月饼市场。

　　北京风味小吃的品种，可分为羹汤类、粥类、糕点类、炸制类、肉制品类、小菜类等6类。

　　羹汤类有茶汤、面茶、油茶、豆汁儿、杏干水、酸梅汤、秋梨膏、核桃酪、杏仁儿茶、豆腐脑儿等。

粥类有八宝莲子粥、粳米粥、荷叶粥、豌豆粥等。

糕点类有甑儿糕、花糕、榆钱糕、金糕（山楂糕）、果丹皮、驴打滚儿（豆面糕）、扒糕、绿豆糕、豆糕、蜂糕、太阳糕、萨其马、蜜供、槽子糕、果脯（蜜饯）、糖火烧、茯苓饼、玫瑰饼、豌豆黄、艾窝窝等。糕点类中的"京八件"，为北京特色代表，是传遍华北、东北、西北的糕点。其历史悠久，品类繁多，具有重油、轻糖、酥松绵软、口味纯正等特点。有酒皮京八件，为年节馈赠佳品，用面粉、白糖、苏打水加绍兴黄酒制皮、包馅、烘烤而成。馅有8种，分上四样和下四样：上四样是山楂细饼、玫瑰细饼、白糖细饼、葡萄细饼，烘作金黄；下四样是椒盐点子、枣泥点子、豆沙桃、青梅杏，烘作乳白。有酥皮京八件，用面粉、糖、油和面制皮、包馅、烘烤而成。馅分8种。有大小京八件，用白面、白糖、猪油、蜂蜜及各种果料、子仁制作，烘烤而成。大八件有翻毛饼、大卷酥、大油糕、蝴蝶卷子、幅儿酥、鸡油饼、状元饼、七星典子；小八件规格略小，有果馅饼、小卷酥、小桃酥、小鸡油饼、小蝴蝶酥、咸典子、枣花、坑面子。大小八件有圆形、有桃形、有正方形，有的还刻上福、禄、寿、喜等字样，装入长方形纸板盒内。

炸制类有炸回头、巧果儿、薄脆、炸饹馇盒等。

肉制品类有炒肝儿、灌肠、白水羊头、塔斯蜜（它似蜜）、苏造肉、水晶肘子、炉肉、羊蝎子、羊霜肠、爆肚儿等。

小菜类有甜酱瓜、甜酱八宝菜、辣菜、五香水疙瘩、桂花糖熟芥、糖蒜、芥末墩儿等。

京菜与老字号

北京菜吸收各地区、各民族饮食文化的精华，荟萃百家，兼收并蓄，既"高贵"又"平民"，同时兼具鲜明的北方民族特征。首先是选料精。如烤鸭必选肉质肥嫩细腻的填鸭，牛肉以蒙古河套地区的三河牛为原料，羊以张家口以西（俗称"西口"）的黑蹄、花脸羯绵羊为料，虾必选天津来的色泽豆绿的鲜活对虾，可见北京菜用料之考究。其次是讲究时令。到什么节气吃什么食物，俗语称为吃"鲜"。春天吃春饼卷合菜；夏季吃水晶肘子、水晶虾；立秋以后吃涮羊肉，这个季节也正是西口羊最肥之时；冬季吃火锅，暖胃祛寒。再次是刀工娴熟，讲究火候。如涮羊肉切出的羊肉片薄如纸，美如花；一只烤鸭，刀工好的师傅能片120片到130片，形如丁香叶，片片皮肉相兼。火候要靠眼观、鼻闻、耳听，口尝那是功力不济。最后是调味和"吊汤"。京菜味道中和，调味适

昔日挂炉烤鸭

宜。许多菜用上好的鸡鸭汤来煨，汤分"头汤""二汤""毛汤"，都是用来提鲜的。

北京菜经过数百年的整合吸收，集宫廷菜、官府菜、庶民菜之大成，其间又受礼仪、宗教影响，形成了素菜、茶食和以清真菜为主的少数民族菜。北京菜的最高规格是宫廷菜。元代，尚食局专管御厨和帝王饮食。明代，成立二十四衙门侍奉皇族。二十四衙门由十二监四司八局组成，其中尚膳监是专门承办御膳的机构。到了清代，又增设分管筵宴礼仪的鸿胪寺。清代御厨分工更细，"御膳房"专管皇帝饮食，"寿膳房"专管太后饮食，"主子膳房"专管后妃饮食，随着行宫走的叫"野筵房"。御膳房又下设若干局，如荤局、素局、点心局、饭局等，名目繁多。

北京饮食文化之所以丰富多彩，很大程度在于培育了一大批饮食老字号。诸如全聚德、便宜坊、东兴楼、东来顺、都一处、仿膳饭庄、烤肉季、致美斋、会仙居、正明斋、桂香村、信远斋、六必居、王致和等。这些闻名遐迩的传统老字号在经营管理上讲究选料精良、工序严格，并以其追求信誉和周到的服务，为北京饮食文化的传承发展，做出了巨大贡献。

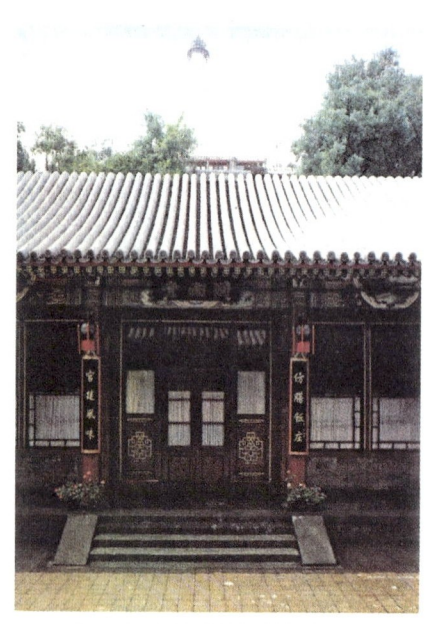

20世纪80年代的仿膳饭庄

居住民俗

居住建筑是人类跨入文明的门槛之后,以不同材质、样式和风格,建造的室内活动空间和栖身之所。许多住房要传承几代甚至数十代,历尽风雨沧桑和人间万象,既是历史文化和民俗的载体,也是物换星移、社会变迁的历史见证。北京的民居,已经有三千多年的历史。

北京民居形式与居民区

民居形式

穴居和崖居 史前期的北京先民,从 50 万年前的原始人类"北京人",到 10 万年前的"新洞人",再到 2 万年前的"山顶洞人",居住形式都是穴居。六七千年前生活在昌平区雪山村的"雪山人",居住形式改为半地穴居,从出土的雪山遗存可以表明,北京人当时正处于从穴居到地上居的过渡阶段。在北京延庆区东门营村发现了中国规模最大的崖居遗址,崖居洞穴达 117 个。

延庆古崖居

台居和丘居 西周初年受分封的燕、蓟两国,燕的都邑今房山区琉璃河董家林地区,是选择高台地筑屋;蓟的都邑蓟城人,多选择丘陵地筑屋。建筑材料是当时比较容易取得的石材、木材和泥土,房舍类似现在山西、陕西地区的窑洞。

牧居 契丹统治者率兵南下，势力进入华北地区，带来的民居文化与中原迥异其趣。他们以游牧为生、无固定居室的特点，决定了他们入居南京后，只是羡慕中原帝王威严的皇宫殿宇，但并不喜欢生活其中。他们在南京郊外设立了行宫、凉殿，以帐为顶，以土为阶，在宫殿内举行典礼，典礼完毕仍回帐幕中生活，保持着自己的民族特色。至于契丹牧民，更是保持着鞍马车帐的居住习俗，冬季来到南京避寒，毡幕车帐就是其临时住所，一到春回大地，又骑马、驱车返回北方。蒙古铁骑入主中原之后，大都城外随处可见蒙古族的毡帐和毡车，称为"斡耳朵"，是蒙古族的传统民居。有些蒙古族牧民不愿居住在大都城内，宁可住在毡帐里。毡车是可以行走的房屋，有了它，行动也自由。

四合院 金代，中都民居已经有较为标准的四合院了，如大葆台汉墓附近的一处金代建筑坐西朝东，有西房和北房，室内有方形砖灶，西房前有庭院，院子南北两边有院墙。元代，大都城内汉族民众普遍使用四合院样式，并因贫富不同，规格有很大差别。贵族、官员、有钱人家的私宅可有数重院落，正房前有轩廊，后有抱厦，东西各有厢房，豪华宽敞，院落内外还有不少附加设施，如门外摆放石狮或铁狮。无钱人家，如手工业者、小商贩、平民、闲汉等，只能是前明后暗的长方形筒子房，较为简陋。从明代开始，北京几乎全是四合院式的平面住宅，普通民居为中型或小型四合院，府邸、官衙多为大四合院，而皇宫禁城其实也是由若干个规模庞大的四合院组成。四合院住宅鳞次栉比，成为北京一大特色。

西式楼房 19世纪中叶，随着西方列强的枪炮打开清政府的门户，西方建筑艺术也传入中国，北京首当其冲。一批按西洋建筑艺术、建筑风格、建筑模式建造的楼房在北京拔地而起，如东交民巷使馆建筑群，以西什库天主教北堂为代表的教会建筑群，以及教会学校、教会医院等。它们的出现打破了京城数百年的封闭格局和单一传统的四合院建筑模式，丰富了北京的建筑风格和居住形式。

居民区

秦朝和两汉，沿用"里"的设置，《汉书·食货志上》记载"在野为庐，在邑为里"。隋唐时期蓟城又称幽州城，改"里"称"坊"。辽南京承袭了唐幽州坊制，共设26坊。坊之布局、建筑井然有序，管理非常严格，周围筑有墙，采取封闭体制，坊与坊之间以小巷或街道相隔，坊出口处有门通街，门上有楼，并悬挂坊额。坊门昼开夜闭。这种门楼结构与后代北京四合院的院门极其相似。金中都的街道由两部分组成，一部分为辽南京旧街巷，一部分为金中都扩建后形成的新街巷。全城按街道走向划分62坊。其中西南、西北两隅有42坊，东南、东北两隅有20坊。坊的规模大小不一，除住宅外还有市场、寺庙等建筑。金中都的坊与前朝相比，一个重大变化是，坊与坊之间隔离的围墙不同程度地被打破，居民区不是封闭的小方块，是用胡同进行隔离和区分，使得原先封闭的北京市民一定程度上走出了封闭天地。元大都是在中都旧城东北面营建的新城，继承了金中都坊巷规划，以主干道和东西向、平行、等距离的胡同将城区切割成许多长方块（坊），民居就布置在这长方块中，非常规正。坊与坊之间无高墙阻隔，仅以主干道或胡同为界。明成祖朱棣大修北京城，分紫禁城、皇城、内城和外城。北京城分为五城，即中城、东城、西城、南城、北城。中城共9坊，东城共5坊，西城共7坊，南城共8坊，北城共8坊。清朝推行"首崇满洲""满汉分城而居"政策，北京坊的划分只有10个，且多数坊并不集中于一处，而是兼辖内、外城区。清代北京的坊只存在于外城，内城"分列八旗，拱卫皇居"，坊仅存其名。

中华民国成立后，沿用清末区制，只是区的划分有所变化。民国2年（1913年），北京内城分设中一区、中二区，内左一区至内左四区，内右一区至内右四区；外城分别为外左一区至外左五区，外右一区至外右五区。民国14年（1925年）开始设东郊区、西郊区、南郊区、北郊区，俗称郊四区。是时，内城10区，外城10区，郊区4区，共24区。民国17年（1928年）六月，北平降为特别市，重新厘定区界，内城并作6区，分称内一区至内六区；外城并作5区，分称外一区至外五区；四郊设区不变。是时，共设15区。民国32年（1943年），因东交民巷"使馆界收回，增设内七区"。民国36年（1947年），复以四郊面积辽阔，改4区为8区，分称郊一至郊八区，是时北京共设20区。北京（北平）的区，是民国期间的一级行政组织，其概念与清以前的"坊"不同，其辖域的居民，受其管理，在范围和职能上，均比"坊"大。

中华人民共和国成立以后，北京居民区有了新发展。首先是机关、部队、国有企事业单位兴建家属宿舍区，即以成片楼房加院墙形成"上班是同事,回家是街坊"的大院。1957年引进"小区"建设理论,开始规划、建设住宅小区,并在崇文区夕照寺建成北京第一个住宅小区,小区内除住宅外,还建有托儿所、中小学、副食店、综合商场等配套服务设施。此后,又陆续在三里屯、呼家楼、虎坊路、和平里、垂杨柳、水碓子、龙潭湖、新源里等地建设居民小区。1975年以后又先后建成劲松、团结湖及前三门一条街等居住区。20世纪80年代,北京住宅建设步伐加快,居民区大量建成,并与国际居民小区接轨。小区配有百货商场、副食品商场、服装加工厂、照相馆、银行、邮局、家具店、书店、冷饮店、小学、中学、幼儿园、电影院、老年活动站和青少年活动中心等。小区环境注意美化,有楼群绿地或街心花园。1982年,中共中央正式下达《中共中央、国务院关于对〈北京城市建设总体规划方案〉的批复》,要求居民区配备齐全的商业服务、文化、教育、医疗等设施及体育、市政公用设施等;各住宅区还应根据条件进行绿化、美化,修建小型公园及休息场所。20世纪90年代以后,北京陆续建成方庄、望京、天通苑、回龙观、西三旗等一批配套更加齐全、功能更加完善的超大型小区,北京居民住宅区正日新月异地向前发展。

北京四合院

四合院的空间结构

　　北京四合院的房间比较固定，标准四合院由正房、厢房、倒座房、后罩房等组成。由于日照原因，无论路南还是路北的四合院，均需正房坐北朝南。北京四合院中的建筑，以正房的形制最

四合院鸟瞰

高，无论是台基还是间架，正房都显现着突出地位。普通四合院正房多为三间、五间，七间以上的很少。正房两侧较低矮的房屋称为耳房，耳房的台基与间架均比正房小得多。与正房呈直角的房屋称为厢房，分别坐落在院落的东西两侧。倒座房位于宅院前部，大门左侧，因其方向朝北，与正房相反，故得此名。后罩房位于宅院最后，由一溜几间不大的北房组成。北京四合院建筑多为单层，其高度与院落南北向的长度约为3∶10。作为四合院重要组成部分的大门，不仅是宅院出入之处，还可以显示出户主的职业、家境及社会地位。从唐代起，朝廷就规定了不同爵位、品级官员宅院与大门的形制，这项制度一直延续至清代，而且规定越来越严格、具体。

北京四合院建筑讲究含蓄、祥和，无论门第高低，大门内都有一扇影壁，既挡住了院内的杂乱，也藏住了主人的隐私。影壁有三种，一种独立于厢房山墙或隔墙之外的，称一字影壁，也叫独立影壁；另一种与大门檐口成120°夹角，平面呈八字形，称反八字影壁或撇山影壁；还有一种正对宅门，坐落在胡同对面，称雁翅影壁。其中最常见的是独立影壁，下部常设须弥座，顶部采用清水脊或元宝脊，并覆筒瓦顶。墙体中部叫影壁心，又分为硬心和软心两种，硬心磨砖对缝，软心素面向墙，且绘有壁画或刻有浮雕。作为四合院附属建筑游廊，既可供人行走，躲风避雨，也可休息小坐。除实用外，游廊的彩绘雕饰也为宅院增添了一道风景线。

北京四合院形制规整，有房子、院子、大门、二门、游廊、私塾、客厅、照壁、库房、厨房，大户人家还有园林、车马房。关上大门自成一统。站在四合院中环顾，中间舒展，廊槛曲折，有露有藏。

四合院形制和居住礼序

四合院中，上下尊卑、内外亲疏，一切都井然有序，蕴含着中国人的传统伦理观念和习俗。据成书于三千多年前的《周礼》记载，"前朝后寝"的屋舍布局观念，体现在帝王宫殿的功用安排上，也反映在民居的利用中。大型四合院，一进院落中的北房多做接待贵客的厅堂。小型四合院没有多余的房间，只好将这一功能安排在北屋的中厅，两侧套房仍然住人。旧时内宅的居住分配是十分严格的，北面正房是院内最重要的建筑物。由于祖宗牌位及堂屋设在正房中间，所以它在全宅中所处地位最高。正房的开间一般为三间，中间为祖堂，东侧住祖父母，西侧住父母。

正房两侧大都再建耳房，耳房与正房一样也是朝南，只不过尺度稍小，台基也比正房低。如果将正房比喻为人的脸部，耳房就像人的双耳，故称"耳房"。如果三间正房，每侧一间耳房，即称"三正两耳"；如果每侧两间耳房，则称"三正四耳"。小型四合院多为"三正两耳"，大型或中型四合院则为"五正四耳"或"七正四耳"。

位于东、西两侧与正房呈直角的房分别称为东厢房和西厢房，厢房的间数不等，以奇数为多。左为上的传统也反映在厢房上，东厢房的位次高于西厢房，东厢房住大儿子、三儿子，西厢房住二儿子、四儿子，以此类推。厨房往往设在东院，东厢房后墙另开扇门与厨房相通，以往灶王爷有"东厨司命"之称，就源于此。

大四合院在正房之后的最北面又盖一排房子，称为后罩房。后罩房不受宅制制约，开间可以很多，也有的人家在这里盖起后罩楼。后罩房一般是女儿及女佣居住的地方，因其深藏于宅院的最后面，所以最隐秘，这就使小说家、戏剧家有了想象的余地，编撰出数不清的鸳鸯蝴蝶故事。

院子最南端的一排门朝北的房子称为倒座房。倒座房最东边一般设私塾，依次为男仆居室、会客室、门房、大门，最西边是厕所。小型四合院不设厕所，如厕要到胡同里，称"官茅房"。

北京四合院一般都分内宅、外宅。分隔方式是沿东、西厢房南侧建一道隔墙。隔墙以外的倒座房和院落称为外宅，隔墙以里称内宅。内外宅之间的沟通靠二门实现，也叫垂花门。垂花门建在四合院的中轴线上，院中十字甬路以垂花门为中轴而左右分开。垂花门多为一殿一卷式，即由一个尖形顶与一个卷棚组合而成。垂花门的门扇一般是四扇绿色木屏门，除红白喜事、贵客光临等大事外，这道屏门平日是不开的，家人出入都走侧面。旧时称小姐"大门不出，二门不迈"，"二门"就是这个

一殿一卷式垂花门

垂花门。

王府大院和有条件的大户人家都要在后院或偏院建一个园林。北京四合院的园林以土堆假山为主，没有假山的建一两座亭子，或建几间花厅。园中的小道旁为榆叶梅、丁香，沿院墙边有时种一排高大的杏树，正厅前面栽植几株垂丝海棠。草地上间种一丛丛牡丹和芍药。每逢春天，鲜花烂漫，蜂喧蝶闹；盛夏酷暑，老树遮阴，蝉声噪晚，日长人静，湘帘垂地；金秋气爽，风拂树梢，榴红叶黄；冬季便是那银装素裹，皓空寒月，别有一番情趣。

四合院规格和风水

早在元朝营建大都之时，即对城内街道进行了规划。《析津志》记载："大都街制，自南以至于北谓之经，自东至西谓之纬。"明、清承袭元代街制，胡同开在街道两侧。北京的胡同多为东西走向，四合院就建在胡同两边，路北、路南均有院落。四合院无论大小，都由"院"组成，由四面房屋围成的庭院，为四合院的基本单元，称为一进四合院，如果围成两个院落即为两进四合院，有三个院落则为三进四合院，以此类推。北京大型四合院可多达七进、九进院落，这种四合院一般都是王府宅第。北京四合院在空间发展上虽然以纵向为主，但由于胡同宽度限制，并不是所有宅院都能有四进以上规模，于是一些大宅院出现了横向结构，一般将沿中轴线布局的院落称为"中路"，分居两侧的院落分别称为"东路""西路"跨院。

北京四合院有大、中、小三种布局。

大四合院建筑雄伟，房屋高大，院落重叠，前廊后厦，抄手游廊，垂花门、影壁、隔断都十分讲究，院内有院，院园相通。这种大型住宅建筑大都是王府或皇亲国戚的府第，非一般人所能居住。

中四合院一般是两进或三进院落，正房多是五间或七间，并配有耳房。正房建筑高大，都有廊子。东、西厢房各三间或五间，厢房往南有山墙把庭院隔开，山墙中央开垂花门，成为内外院的分界线。外院东、西各有一间至两间厢房，要比里院的厢房小，多用作厨房或仆人居室。临街是五间至七间倒座房，最东面一间开作大门，接着是门房、客厅、书房，最西面一间是车房。

小四合院布局简单，一般是正房三间，用隔断分成一明两暗或两明一暗。东、西厢房各两间（因院子格局小，厢房不能依奇数），倒座房三间，最东面一间开作门洞，大门多是起脊门楼，院内有青砖墁地甬道与各室相通。老北京一家两三辈人多住这样的小四合院，长辈住正房，晚辈住厢房，南房一般用作客厅或书房。

四合院的布局明显受到古代风水说的影响，大门都不开在中轴线上，而开在八卦的"巽"位或"乾"位。所以路北住宅的大门开在东南角上，路南住宅的大门开在西北角上。旧时北京居民院中不种松、柏、桑、梨、槐这5种树木。因为松、柏多种于"阴宅"（坟地），以寄托对逝者的永久思念；桑与"丧"、梨与"离"谐音，不吉利；槐是"木"与"鬼"为邻，犯忌讳。故北京有民谚曰："松柏桑梨槐，不进府院宅。"北京人在四合院内一般种海棠、

居住民俗 / 61

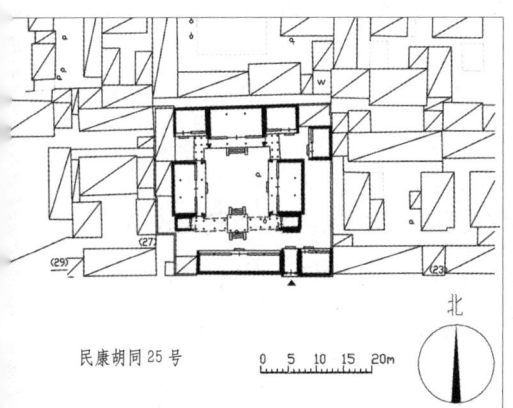

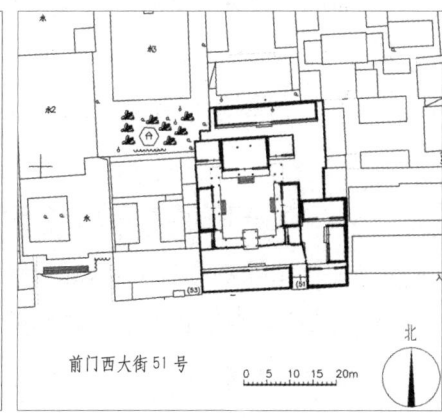

民康胡同 25 号　　0 5 10 15 20m　　北

二进院落

前门西大街 51 号　　0 5 10 15 20m　　北

三进院落

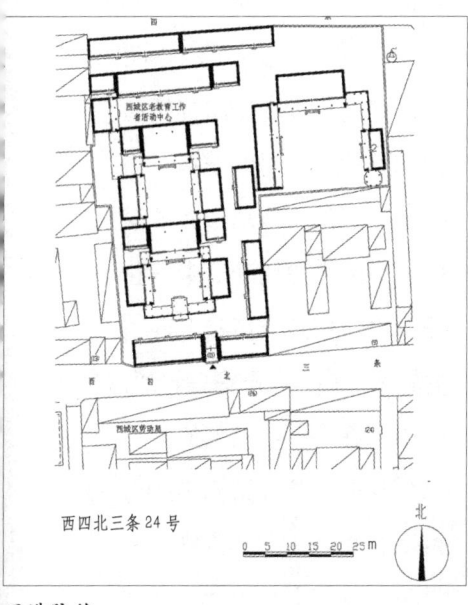

西四北三条 24 号　　0 5 10 15 20 25m　　北

五进院落

中剪子巷　　0 5 10 15 20m　　北

三路并联院落

石榴、桃、枣之类，海棠取兄弟和睦之意，石榴象征"多子多孙"。而且这些树木春可赏花，夏可纳凉，秋收鲜果，可谓"春华秋实"。

四合院的装饰图案

北京富有人家的四合院不仅建筑格局讲究，装修上的花纹与雕饰也颇具中国传统文化底蕴，采用象形、会意、谐音、借喻、比拟等手法，创造出丰富的雕饰与图案，以寄托对富裕、吉祥的向往和追求。

窗雕 窗棂雕饰图案主要是几何图案。常见的雕饰图案有三种：一是"步步锦"，是按一定规律组合在一起的横线、竖线，拼成窗棂图案，周围嵌以简单的饰物。花纹冠以"步步锦"的美称，寄寓一步步走向锦绣前程的愿望。二是灯笼框，用抽象化了的灯笼图形做成窗格，周围点缀团花、卡子花等饰物。灯笼框窗格中间留有较大空白，可画梅兰竹菊，或山水花鸟，清新典雅。古代灯笼是光明和喜庆的象征，寄寓对美好生活的向往。三是龟背纹，即将龟背纹理雕在六角或八角几何图形的窗

花罩灯笼框加十字海棠棂心

步步锦棂条花格

棂条上。龟在古代是长寿的象征,有希冀健康长寿的寓意。

门雕 屋宇的门楣往往装饰各种雕花图案,雕芙蓉、牡丹表现荣华富贵,雕葫芦、石榴、葡萄比喻多子多孙,雕梅、兰、竹、菊显示清高脱俗,雕花瓶插月季则表示四季平安,等等。大门的门头有砖雕。大门的枕石俗称门墩儿,枕石的门内部分是承托大门的,门外部分称抱石鼓,有方、圆两种造型。圆石鼓一般为兽形,上面有站狮、蹲狮或卧狮。传统四合院即使有雕饰,大都为材料本色,唯有垂花门装饰得五彩缤纷,门旁两侧的垂花柱更是形态各异,莲瓣、串珠、花萼、石榴头等形状是垂花柱

门墩儿

最多的表现形式，联结两垂柱的横梁更要有雕饰，诸如"子孙万代""岁寒三友""玉棠富贵""福禄寿禧"等雕刻，或表明宅主对高洁操守的赞许，或寄寓宅主对人丁兴旺、福寿绵长的渴求。

墙雕和壁雕 屋宇朝院的墙上，也常有砖雕图案，或飞禽走兽，或虫草花鸟。影壁无论是竖立在四合院大门内还是院外，出入宅门首先映入眼帘，所以是重点装饰部位。影壁空白面积大，雕刻内容丰富，题材广泛，以福禄寿禧、梅兰竹菊居多。

檐饰 四合院屋顶正脊两端向斜上方高高扬起的陶制饰物，称作"鸱尾"，俗称"蝎子尾"。鸱在古书上指鹞鹰，相传鸱鸟之尾，有扶正避邪之能。隋唐时期屋脊上用的鸱近兽形，辽金时期屋脊上的鸱尾像鱼形，至明清时鸱尾的尾部图形已向外卷曲。无论鸱尾图形随朝代更替有什么变化，从精神方面说，这种饰物都是人们求吉心理的一种满足；从建筑学上说，它是北京传统四合院一种特有的风格。

清水脊花盘子及蝎子尾

近现代民居

四合院的演变

近代,北京城市人口激增,据《北京人口历史地理》统计,乾隆四十六年(1781年)北京有人口98万多人,宣统二年(1910年)增加到112万多人,民国34年(1945年)达到157万多人,到民国37年(1948年)约为200万人。大量人口涌入,对北京的住房产生了极大的压力。原本一家一户的四合院,已经无法容纳如此之多的人口,加之社会贫困阶层人数大量增加,他们也无力拥有或承租独门独户的四合院,几户或十几户共居一院的情况自然而然地出现了。

大杂院的形成 有两种情况,一是原来的四合院,由于住户的增加和人口繁衍,房屋容纳不下了,于是在院内空地上私搭乱建,房子越盖越多,慢慢就没了"形"。二是在空地上先有一家搭建起一两间临时住房,紧跟着又有其他几家跑到这儿建房,逐渐形成了院子,其中布满了不规则的房屋,成为新添的大杂院。北平解放后,随着城市人口不断增加,大量四合院过渡为大杂院,成为平民百姓主要居住形式。改革开放后,随着旧城改造、危房拆迁，大杂院日渐减少，趋于消失。人们的住房被单元楼、商品楼所取代。一部分有历史承载和文化价值的四合院，被作为文物保护起来。

衍生的"独院" 介于四合院和大杂院之间有一种"独院"，是一种只有南北房，没有东西厢房的院落。它可能是由大型四合院分隔出来的小院，也可能是后建的简易"二合院"。独院的住户有些是大杂院的老住户，后来"发达"了，觉得再住大杂院有辱身份，也不方便。但一时又住不起四合院，就先过渡一下，租或买一个独院居住。

四合院的改造

对四合院进行改造，最简单的是用玻璃窗代替旧式窗户。过去四合院的窗户多是传统支摘窗或直棂窗，窗格上糊有窗户纸或冷布，室内采光、防尘受到一定限制。起先，玻璃窗只有王府大院和极少数富贵人家房屋建筑才有条件使用，全是舶来品。随着西洋玻璃在北京倾销，加之国内企业也开始生产玻璃，许多北京市民开始用玻璃代替原来的窗户纸、冷布等。玻璃窗的采用，使室内光线充足，变得亮堂，受到绝大多数人欢迎，凡有这种经济能力的住户，一般都要进行此项改造。

四合院原本不对外开窗的旧习也被打破。到近代，受西洋建筑形式影响，不少住户开始在南房靠街墙上增开朝南的高窗，改善南房居住条件。有的临街东、西厢房也开了后窗。还有的有钱人家，将家中的方砖铺地改为水泥地，以防止夏天返潮。原来北京住户的顶棚是用纸裱糊，夏天常生虫子，赶上大雨有时还会塌陷。后来人们挑掉顶棚，换成灰顶，居住环境更加舒适。

大杂院的出现和衍生出的"独院"，以及对四合院的改造，破坏了传统四合院的诸多讲究和礼序，如以北房（正房）为尊左为上的习俗，长幼居住顺序，对外不开窗等规矩均被打破。玻璃窗的出现，改变了人们入冬糊窗纸、入夏贴窗纱的习惯。洋灰顶的出现导致裱棚业衰败，棚匠纷纷改行。

王府大宅的洋化

晚清，在四合院向大杂院过渡的同时，西洋建筑在北京广泛传播、使用，除了教堂和东交民巷使馆区的欧式建筑群外，京师衙署和官办事业，陆续兴建了一批西式风格的建筑，这些建筑大多高不过三层的砖木结构，仿西方古典式，多为清水砖墙，铁皮屋顶。民国以后，西式建筑数量和质量都有较大增加和提高。有的采用西方古典式与传统中式相结合，风格上称为"中西合璧"。在西式建筑和西方生活方式影响下，传统居住方式发生变化，一些王公大臣、官僚和富商纷纷群起效仿，建起西式洋楼作为住宅。在皇亲贵胄中，肃亲王善耆率先在自己的王府建了一座日式二层楼，并在院内建了喷水池，安装了发电设备和自来水，屋内天花板上悬挂枝形吊灯，一副洋式派头。民国成立后，几度出任北洋政府内务总长、交通总长的朱启钤，虽未在四合院内盖楼，却对

朱启钤旧居

房与院进行了彻底改造，院里是绿油油的金丝草草坪，房间全部采用欧式玻璃长窗，室内有地板、护墙板、暖气以及设备齐全的卫生间，在院子东南角安排了锅炉房，与厨房相邻的还有配餐室。

传统四合院大门位于院落的东南角或西北角，在间数和宽度上均有限制，大户人家的大门还有高台阶。近代以来，随着新式马车和小汽车成为社会上层人士的代步工具，这类大门就无法进出了，故有不少人将这种大门拆去，在院子的正中方向开门，换上新式大铁门，或将旧大门拓宽，将台阶去掉，以便车马出入。

西式建筑的出现和王府大宅的洋化，改变了北京旧城的建筑面貌和传统风格，也打破了原有的官方形制、规典，使人们社会心理和生活习俗都发生了变化。

交通习俗

交通是人类生活和生产的产物，反过来交通又成为发展生产、繁荣经济的命脉。交通民俗由两大要素构成：一是道路，包括陆路、水路、空中航路；二是交通工具，包括畜力、人力、机械力。北京在历史上是交通比较发达的地区，无论是秦汉以来作为北方重镇，还是辽金元明清作为五代帝都，北京都是国家联系南北、沟通东西的大枢纽。

北京的路

陆路

自辽金以来城市规划屡经变更，北京城内的道路也处在变化中。辽南京继承了唐幽州城基本规划布局，采取方形形制，实行大城与皇城双重规划结构。皇城不仅偏离中轴线，还远离大城中心，置于大城西南隅，这为全城交通带来了便利。金中都依照北宋都城东京的规制，对辽南京城改扩建而成。中都分为大城、皇城、宫城三重，大城有13门，向内延伸出13条干道。元灭金，中都城被毁，元在中都的东北郊重新规划，建了大都城。大都仍然采用大城套皇城、皇城套宫城的三重结构，但改变了辽金的方形形制，大城呈长方形，南北略长，东、南、西各有3座城门，独北面设2门，共设11门。以这11个城门为起点，各建一条向城内延伸的主干道，主干道之间用东西向平行小街和胡同将城区切割成许多长方块（坊），严格规正，整齐划一。主干道（大街）宽24步，小街宽12步，另有"三百八十四火巷，二十九衢通"（《析津志辑佚·城坊街市》）。明清北京城共分内城、外城、皇城、宫城4层结构，城区划分均实行五城之制，即按东、西、南、北、中划分为5个区域，五城之下有坊。

中国东南地区很早就称巷为"火弄"，也就是为救火而设的通道。元大都的"火巷"和"衢通"，实际上就是胡同。随着北京城一次次改造和扩建，胡同数量越来越多，明代胡同有1236条，清末增加到1860多条，民国时期内外城胡同总数达3200多条。进入民国后，北京的沥青路、混凝土路、石砟路日渐增多，道路照明也逐步由电灯取代煤油灯。

北京的胡同多数是正南、正北、正东、正西走向，但由于河道与水道所致，不免出现斜街，如烟袋斜街、樱桃斜街、白米斜街等。北京胡同的命名，有一定规律可循，一般来说，多以寺庙、官方衙署、仓库、作坊、桥梁、河道、市场、器物、商品、人名等命名，许多名称一直沿用至今。

俗语谓"北京有名的胡同三千六，无名胡同赛牛毛"。据20世纪90年代《中国邮政编码大全》记载，北京的街巷胡同总数为6209条。过去北京的交通工具多是轿子或马车，体积较小，对街巷胡同的宽度要求不高。历史发展到今天，这一古老交通道路已不适应北京城市的发展，伴随大规模城市改造和多层、高层楼群不断涌现，胡同数量日益减少，许多胡同已经或正在消失。

北京对内的交通靠街巷胡同，对外主要靠驿道。明清之际，出广安门，过良乡是通往南方的主要通道，南方诸省"朝觐、谒选、计偕、工贾来者，莫不遵路于兹"（《日下旧闻考》卷91）。

北京作为千年帝都，也修筑了若干专供皇家出行的御道，如清代就有通往东陵（河北遵化）、西陵（河北易县）和避暑山庄（河北承德）的御道。

清朝末年，北京兴建了3条营业性铁路，并于前门外兴建了北京火车站。第一条是京山线（北京至山海关），第二条是京汉线（北京至汉口），第三条是京张线（北京至张家口），京张铁路由詹天佑主持设计与施工，为我国自行设计的第一条干线铁路。

清末驶入北京城的火车（摄于20世纪初）

水路

隋炀帝时期，征用百万民工，开凿北起蓟城，南至余杭的大运河（史称京杭大运河），从此蓟城的对外交通水陆并举，互相补充。辽代以南京为陪都后，因与北宋形成对峙局面，大运河的效用未能充分发挥。金代漕粮通过北运河运抵通州，然后由人工陆路运至中都。南方商人有时也沿漕河北上到中都从事商贸活动。

元大都水上通道主要有两条：一条是凿通京杭大运河北端的通惠河，南方商船沿大运河北上，可一直抵大都，"舳舻蔽水"，盛况空前；另一条水上通道是坝河，即高梁河入大都城后向东，于通州入潞水，与大运河相接，因沿河建有7座坝，故称"阜通七坝"。每年漕运"自冰开发运至河冻时止，计二百四十日，日运粮四千六百余石"（《元史·河渠一》）。这些漕粮大多在积水潭上岸。明清之际，连接大运河与京师的河道淤塞，来自江苏、浙江、安徽的漕粮，沿大运河北上至通州码头，再用车、马运至京城。

民国时期的运河通州段

空中航路

北京是中国创办民用航空事业最早的城市。20世纪初，清政府受资本主义国家发展航空业的影响，于光绪三十三年（1907年）起陆续派出留学生赴英、法、日等国学习飞行和飞机制造技术。宣统二年（1910年），在南苑五里甸毅军练兵场建南苑机场。民国2年（1913年），北洋政府拨款对南苑机场跑道进行扩建。民国9年（1920年），北洋政府交通部开辟的北京至上海航线中的京津段开航。同年，北洋政府在北京成立航空署，翌年将京津航线延至济南。民国20年（1931年），南京至北平航线开通，同年又开辟上海经南京、济南、北平、林西至满洲里航线。民国27年（1938年），侵华日军和伪政府在北平建西郊机场（当时称西苑机场），开辟7条通往外地的航线，目的地都是沦陷城市。抗战胜利后至民国37年（1948年），中国航空公司和中央航空公司先后开辟13条通往北平的航线。民国37年（1948年）底，中国人民解放军发起平津战役，包围北平，攻占了南苑机场和西郊机场，进出北平的航班全部停航。中华人民共和国成立后，中国民用航空事业进入独立自主发展的新时期。1958年3月，在北京顺义建成了首都机场，并建立起以北京为中心，连接东北、华北、中南、西南和西北地区主要城市的国内航线网。从20世纪60年代中期到80年代初期，首都机场两度扩建，此后又对候机楼和机场进行大规模扩建和改造。外国航空公司开辟通往中国的航线，大都以北京为终点。首都国际机场成为中国国际航线的枢纽。

北京交通工具

畜力

马 北京产马历史悠久。早在战国时期，燕国成为"七雄"之一，乐毅率燕国军队在短时间内连下齐国七十余城，无论是车战、马战，都离不开马。东汉初年渔阳（以蓟城为治所）太守张堪率数千骑兵大破万余来犯的匈奴骑兵，可见渔阳地区兵士骑术之精。后来的契丹族、女真族、蒙古族、满族，都是"马背上的民族"，靠铁骑先后入主北京，建立起辽、金、元、清少数民族封建政权，这使得马在北京交通史上占有重要地位。这4个王朝在开国初期，规定文武官员上朝、出行一律骑马，以保持其尚武的习俗和传统。

驴 北京民间有"跑驴"的花会表演，有"驴市"。驴体形较小，吃苦耐劳，温驯好驾驭，很早就成为北京人的交通工具。元代大都，驴曾与马、牛一道在黄土驿道上往来奔波。清代，有以养驴为业、赶脚为生的，称为"驴口儿"。北京外城关厢有专供驮脚的长行驴，人们称这种驴的聚集地为"驴窝子"。庙会期间，去白云观、大钟寺的路上，还临时设有"驴口儿"，人们雇驴去逛庙会成为旧京一景。此外，出城办事、上坟、踏青，妇女回娘家，也常雇头毛驴代步。

骆驼　骆驼驯服后听话，忍饥耐渴，能负重物，是北京传统交通运输工具之一。元代，骆驼队主要来往于蒙古高原和大都之间，将草原上畜牧产品运到大都，再将大都的农产品、手工业品及通过大运河运来的南方货物运往蒙古高原。清代，骆驼主要是把西山的煤炭、石灰和山货驮运进北京城。旧京靠骆驼运输谋生者称为"驼户"。骆驼以"把"计算，小把6只，大把8只，驼户拥有"把"的多少，是财力的象征。因为京城骆驼大多来自蒙古地区，驮手在吆喝、指挥骆驼时用蒙古话。

奚车　辽代有一种以马或驼为畜力的车辆，因是奚族人制造，故称"奚车"。契丹人对奚车进行改造，用来载物，还做临时居所。《辽史·仪卫志》云："契丹故俗，便于鞍马。随水草迁徙，则有毡车，任载有大车，妇人乘坐，亦有小车，贵富者加之华饰。"

骡车　盛行于清代末年。车厢为木架方形，上顶为半圆形，挂蓝布帷子，车帘与两旁有窗，木质车轮，以骡驾辕。车里冬天垫毛毯，夏天铺凉席，每辆可坐3～4人，上下车以木凳为梯。

马车　乾隆末年，英国使臣曾向乾隆赠送过四轮双马的西洋马车。民国初年，马车开始在北京盛行。由于美观、舒适、快捷，受到有钱人青睐，官僚与富商往往有专用马车。公共车行也常有专车租用，成为公共交通工具。马车的式样主要有带篷和敞篷两种。

车舆　辽、金、元、明、清五朝是北京制造和使用车舆的鼎

20世纪初居民出行的工具——马车

盛时期。不仅是一种畜力交通工具，更是森严等级制度的象征。元朝从上都（今内蒙古正蓝旗境内）迁都大都后，效法汉族传统车舆制度，皇族的车舆有玉辂、金辂、象辂、革辂、木辂，亦规定官员车舆不得使用龙凤纹，一品至三品准许用金螭头、绣带、青幔，四五品用素狮头、绣带、青幔，六品至九品用素云头、素带、青幔。百姓则限用齐头平顶黑幔。明朝定都北京后，鞍辔制度也非常严格，规定官民人等马颔下缨并鞍辔都只能用黑色，禁用红缨及描金、嵌金等装饰。清朝皇帝乘坐的车舆有玉辂、大辂、大马辇、小马辇、香辇，亦称"五辇"，皇帝去南北郊、太庙、社稷坛、朝会、行幸，御不同的辇。皇后、皇太后、太皇太后车舆称"仪驾"，皇贵妃、贵妃、皇太子所用车舆称"仪仗"，嫔妃所用车舆称"彩仗"，亲王、郡王、贝勒、贝子、额驸所用车舆称"仪卫"，所用仪物也根据身份划分不同等级。这些朝代车舆种类之多、名目之繁，不胜枚举，能工巧匠高超的制作技艺更令人叹为观止。

人力

轿子 以人抬行，又称"肩舆"。在北京有久远历史，早先为皇室贵族使用，后盛于民间。明代宫内因为要挑选女轿夫，久而久之形成了专门的轿户，称"女户"。清初，官员都乘马，后来文官则可坐轿。清政府对乘轿限制非常严格，抬轿人数、坐轿者身份均有严格规定。轿又有明轿和暗轿之分，明轿露座，上下左右均无幛，故又称"显轿"；暗轿上有顶盖，四周有帷幛，人坐其中，外不得见，可避风寒，因此又称"暖轿"。民间用轿因用而异，娶妇用花轿，四人抬，称"喜轿"，送亲太太用绿轿，

20世纪初的娶亲喜轿

送丧则用白轿。20世纪40年代后期，纯粹用于代步的轿子已不多见，但仍有坐轿的习俗，如迎亲、发丧等。

独轮车 单轮双把，即独轮车，可一人独推；也可一人手推，一人绳挽，轻便而又灵活。另有一种双轮手推车，称"排子车"。

爬山虎 两根竹竿上绑一把椅子，两人或四人抬，多用于登山，俗称"爬山虎"。过去到香山、妙峰山等地朝山、进香的人多乘坐。

冰床 又名"拖床"，过去每到冬季，城外护城河、什刹海、北海等地，均有冰床供人乘坐，成为北京一景。

"窝脖儿" 旧京称扛肩儿的为"窝脖儿"。操此业者隶属喜轿铺，又与脚行有关。在搬家或者嫁娶时，常用此类人搬运物品，尤其是一些瓷器和贵重物品，由"窝脖儿"来扛十分安全。旧俗认为搬家运物时，用车拉是"抄家"的表现，故而"窝脖儿"在清代和民国初期十分兴盛。

人力车 清末民初由日本传入，俗称"洋车"、"东洋车"或"胶皮"。每辆只乘一人，拉车者谓"洋车夫"。有拉散座和拉包月之分，拉散座的招手即停，价钱也不贵；拉"包月车"的，是按月给工钱，但时间不固定，随叫随到，没时没晌。车厢上有折叠式防雨篷，冬天有棉布篷，讲究的车厢两旁还有铜灯，客座下有脚铃，乘客可踩铃指挥。车的来源可以自己买，雇人拉或者自己拉，也可以向车厂租车。后来，北京有了国产车，第一个制造人力车的是懋顺车厂，较著名的租车行有马六、繁华、五福堂、人和、吉田等。民国28年（1939年）北京有人力车37036辆，工人5万

20世纪初北京街头的人力车

多人,占当时人口总数的3.9%。后来,随着公共电、汽车的发展,尤其是三轮车的广泛使用,人力车日渐减少,到1949年底,只剩下1394辆。

三轮车 20世纪30年代末出现在北京,比人力车省力又较快,迅速流行于京城内外,到40年代末达到22506辆,北平解放时有2.15万辆。拉车者人称"蹬三轮的",50年代后期逐渐绝迹,80年代又有恢复,称"人力的",主要服务外地游客和外国人,因为乘"人力的"能够穿大街、过小巷,七弯八拐地穿梭于小胡同,亲临观察北京人的日常生活,这是其他出租车无法做到的,因此深受北京胡同游游客的欢迎,几年的时间就发展到几千辆之多。

自行车 北京最早记载自行车的文学作品是宣统元年(1909年)的《京华百二竹枝词》:"臀高肩耸目无斜,大似鞠躬敬有加。噶叭一声人急避,后边来了自行车。"民国时期,英国、德国、日本的自行车大量涌入北京,国产的也多是用进口零件加上若干国产件攒出来的。20世纪30年代后期,日本自行车趁北平沦陷

20世纪80年代末自行车是北京人出行的主要工具

之机低价倾销，于是自行车渐渐成为北平交通的重要工具。到民国37年（1948年）底，共有157083辆。90年代初，北京已有自行车近2000万辆，成为北京最普遍、最大众化的交通工具。

机械力

电车 民国13年（1924年）12月，北京有轨电车正式营运，由前门起，经天安门、西单、西四、新街口至西直门，全长约9公里，往返行驶10辆有轨电车。因电车启动和出入站时司机脚下不断踩击铜

20世纪初北京的有轨电车

20世纪50年代末北京开始出现无轨电车

铃,发出悦耳的铛铛声,老北京人叫它"铛铛车"。到民国23年(1934年),北京电车行驶路线达47公里,线路7条,年运送乘客12.9万人次。到1956年,有车240辆,线路增加到9条,总长49.98公里,客运量达1.48亿人次。因有轨电车严重阻碍市内交通,1957年,北京市开始用无轨电车取代有轨电车,1966年,轨道全部拆除。到1988年底,全市有无轨电车509辆,线路13条,长144.8公里,是市内重要的交通工具。

20世纪60年代初以煤气为燃料的公共汽车

公共汽车 民国24年(1935年),北京开始公共汽车运营,5条运营线路有大客车30辆。到民国35年(1946年),有汽车133辆,6条线路共34.3公里,民国37年(1948年)停止运营。北平解放后,经过大力恢复、发展,到1997年,全市共有公共汽车运营线路263条,汽车4000多辆,小公共汽车1400多辆,是北京市民出行最重要的交通工具。

出租车 北京小型出租车创始于民国2年（1913年），到民国18年（1929年）有60余家车行，民国31年（1942年）有车521辆，乘坐者多为富商官僚，到民国38年（1949年）则只剩下180辆。中华人民共和国成立以后，北京出租车业得到恢复和发展。改革开放以来，随着人们物质生活水平的不断提高，"打的"一词风行全城，出租车不再是"阔人的工具"。到1997年，北京有出租车6.5万多辆，载客量每天达170万人次，成为市民出行重要的交通工具。20世纪80年代至90年代，"面的"是北京出租车的主要车型。21世纪初，面的被小轿车逐步取代。

20世纪90年代乘坐出租车外出成为北京居民生活中的常事

地铁 北京第一条地铁从北京站到石景山苹果园，称"一号线地铁"，1969年开始运营。"二号线地铁"沿北京内城墙一线修建，1984年建成，全长16.04公里，设车站12处。1996年北京地铁拥有机车252辆，线路总长41公里，年运送乘客4.44亿人次，日均120.1万人次。地铁五号线和城市轻轨的建成使北京地铁的运力大大提高。

火车 光绪十四年（1888年），北京开始有火车。当时李鸿章为讨慈禧太后欢心，在中南海为她修了一条小铁路，引进第一辆火车。慈禧坐上后，觉得司机坐在她前面开车有辱她的至尊地位，便令太监们用绳子拉着跑，演成一场闹剧。京城用于运输的火车始于光绪二十九年（1903年），当时用蒸汽机车，以火力（煤燃烧时的热能）产生牵引动力，故名火车，相沿成习叫到现在。进入民国，机车一直从外国进口。1958年6月，北京二七机车车辆厂生产出第一台蒸汽机车，同年9月，研制成第一台功率不大的内燃机车，到20世纪70年代初，生产出大功率内燃机车。

驶往前门火车站的第一辆蒸汽机车

飞机 宣统二年（1910年），从法国购买的一架苏姆式双翼飞机运抵北京，在南苑机场进行试验飞行，这是北京有飞机之始。民国时期，北京民航开始起步，20世纪30年代有单发动机、双机翼、低空、低速、短距离、小马力活塞螺旋桨式飞机。80年代后期，开始使用大推力涡轮风扇发动机、高空、高速、可作洲际飞行的宽体大型客机。1990年，北京民航已拥有涡轮风扇式现代化大型运输机27架，最大商务载运能力893吨，旅客座位数4993个，担负着中国民航75%的国际航线和国内部分干线的客货运输飞行以及专、包机飞行任务。

私家车 20世纪80年代中期，私人购买汽车出现松动。在北京，一些专家教授、演艺界明星等可通过"特批"，买到外国驻华机构淘汰的"二手车"。1994年，国务院公布了第一个《汽车工业产业政策》，明文规定：国家鼓励个人购买汽车，任何地方和部门不得用行政和经济手段干预个人购买和使用正当来源的汽车。1995年12月18日，北京亚运村汽车交易市场开业，当年北京市私人拥有汽车近10万辆。1997年，私人购车比例超过公车。到2000年，北京私人轿车保有量达41万辆，成为国内首个私人轿车超过公车的城市。

经济活动民俗

在人类历史上，人们为了生存和发展，必须从事生产活动，无论是远古时代狩猎、捕鱼或耕种，还是近代工业、建筑业，以及手工业和传统工艺品制造等诸行业的生产活动，都是为生存和发展创造物质基础。在生产过程中，人们不仅摸索出许多生产流程、工序、方法和经验，还产生了不同行业的民俗。北京处在中原农耕文化与北方游牧文化的接合部，从辽至清，大批少数民族居民移居于此，形成了北京手工业生产、农事民俗、商贸习俗的独特性。近代社会，北京出现工厂矿山，伴随机器动力的使用，北京经济民俗更加丰富、多样，成为北京宝贵的文化财富。

农事民俗

先农坛与籍田礼

中国古代传说中,把最先教民耕种并受奉祀而成为神者称作先农。中国历代清明的皇帝都重视农业生产,虽然自己不亲自下田劳作,但也要做出某种姿态,让天下百姓知道皇帝是重视耕种的,于是便有了"籍田礼"。北京先农坛,即明清帝王祭祀先农之所。始建于明嘉靖年间,由先农坛、太岁坛、山川坛组成。内有具服殿、观耕台、神仓、庆成宫等。

明清时期,每年农历三月上亥日,皇帝要到先农坛行籍田礼。由导驾官员和太常寺卿充当引导,来到籍耕位。亲耕田就在观耕

雍正皇帝祭祀先农坛图

先农坛观耕台

台的东面,共1.3亩,民间流行的"一亩三分地"的典故就由此而来。亲耕田两旁分为12畦,由三公九卿从耕。皇帝在亲耕田面南站立,鸿胪寺官赞唱仪式开始,户部尚书、顺天府尹分别向皇上敬献耒耜、牛鞭,然后礼部銮仪卫、太常寺官导引皇上亲耕。府丞捧着装有种子的青箱,由户部侍郎跟着皇帝播种。亲耕之后,由教坊司乐工唱《三十六禾词》,礼部尚书、顺天府尹跪接耒耜、牛鞭,皇帝上观耕台看三公九卿籍田。亲耕仪式后,皇帝到庆成宫,听礼部尚书跪奏终耕亩数。然后是赐茶、设宴、歌舞、杂戏等一系列活动,直到皇帝乘辇回宫,午门再次鸣钟,宣告籍田礼仪结束。

古代农业生产中的民俗活动

祭土地神 土地崇拜是原始宗教中自然崇拜的重要组成部分,是对土地的自然属性及其社会生活影响力的崇拜。古代称大地为后土,最初的土地神称"社神"。在地方、乡里、村社只奉祀地区性的土地神，也就是后世称为"土地爷"的神。土地爷是地位低微的小神，只管理某一地面，某一地段，也作为村社的守护神。

北京地区的土地庙一般很小，既无龙王庙的排场，更无关帝庙的威严，庙中的土地为泥塑或用石凿成，其形象多为白发黑衣老人，慈祥可亲，平易近人，是人格化了的神，有的还伴有老妪，称为"土地婆"。旧时农村年节奉祀土地神，祈求保佑五谷丰登。明代土地崇奉兴盛。

祭蝗神　北京地区不少农村有蝗庙。蝗庙塑造的蝗神手里拿一个瓶子，瓶子上面有盖，里边装的全是害虫。如果发现人们对他不恭敬了，或是官吏贪污腐败，蝗神就把盖子打开，害虫飞出来祸害庄稼。古代农民对蝗虫无能为力，只好乞灵于驱蝗虫的神祇。北京郊区的农家要在这一天宰牲、设供、焚香、烧纸，到庙里祭蝗神。如今宰牲、设供不再举行，但有菜园的农家仍习惯在这一天举办开园活动，采摘新鲜菜蔬，举家庆祝。

农作歌舞　秧歌起源于农业劳动，是古代模拟性的农业劳作舞蹈，与插秧、薅草等劳动有密切关系。在北京郊区，秧歌的舞者不仅扮成各种人物，手持扇子、手帕、彩绸等道具，还有踩高跷、跑旱船、竹马灯等歌舞形式，大大丰富了秧歌的观赏性。近年来，在

20世纪90年代的秧歌队

北京的一些公园、广场，常有老年秧歌队活动，既是健身，也是娱乐，其传承的是古老农俗的遗风。

劝春耕的"花会" 明清时期的北京，每年从正月春节开始，一年之中很多节日都有民间舞蹈活动，称"社火"或称"走会"，近世则称"花会"。明代春节的活动谓之"行春之仪"，此后迎春、迎芒神，都举办花会，祈丰收、劝春耕，相沿成俗。

现代农业中的民俗活动

改革开放以来，京郊农村发生了日新月异的变化。"面朝黄土背朝天"的劳作模式，成了昔日京郊农村的写照。如今，种植业生产内涵不断扩大，从种到收，基本实现系列化机械作业，60%以上的农村劳力从传统种植业中解脱出来，投入二、三产业，成为农村新的经济增长点。为满足城市改善生态环境和居民回归自然的需要，郊区为城市提供了生态屏障和休闲场所。农村新景象，必然赋予农事民俗新内容。

现代农业生产讲究科学种田，法制管理。北京郊区大力推广无公害农产品和生态田。对承包果树和养殖的农民进行基础科学技术知识培训，实行"绿色证书"认证制度。每到瓜果飘香、鱼肥待捕季节，来到乡间的旅游者可以入园观光采摘，塘边垂钓。丰收之后有些乡、镇也办花会，除了传统的扭秧歌、踩高跷、跑旱船等歌舞形式外，还穿插一些戏剧、曲艺表演，为传承农俗注入了新元素。

商事民俗

旧都三百六十行

俗谚"三百六十行,行行出状元"。其实360行并不是旧都北京行业的准确数字。早在隋唐时期(公元6世纪)就有了行业组织,据有关史料记载,当时的幽州有220行。到了明清才有360行之说。20世纪30年代,北平社会局曾对北平各行业进行过调查,共编为165个行业。北平解放后,据工商企业登记分类共计213行。

王隐菊、田光远、金应元编著的《旧都三百六十行》,将明末清初旧都行业分为工匠、搬运、修理、服务、小商贩、主副食品、小吃、干鲜果品、文化娱乐、花样杂耍、节令商品及其他等12个行业类别,总计210行。齐如山所著《北京三百六十行》于民国30年(1941年)统计,仅工艺方面就有447行,商业、服务业为265行,总计达712行。

下面,选择与旧京市民关系最密切的若干行业,作简要记述。

油盐店 副食杂货店的俗称。油盐店本身分油柜、杂货柜、鲜菜床子三部分。大的油盐店设有酱园,自行酿造酱醋,腌制酱菜。小油盐店则从油房、酱园进货代销。老北京油盐店有山西屋、北京屋、山东屋等，其中佼佼者为山西人所开办。油盐店讲薄利多销，有赚无赔。设在小街小巷的油盐店与当地的居民有良好的关系，往往成为当地人闲坐和聚集的地方，十分温馨。据资料统计，民国期间北京曾有大小油盐店近 2000 家，从业 2 万人之多。近年来，油盐店大多消失，取而代之的是副食商场和超市。

绒线铺　北京人将卖"针头线脑"等小百货的店铺称为绒线铺。绒线铺多设在小街小巷里，与今日的"便民店"异曲同工。绒线铺大多为家庭式经营，很少雇用外人。

羊肉床子　北京旧俗，将买卖牛羊肉的店铺称为羊肉床子。所谓床子系切割、陈放牛羊肉的案子。羊肉床子由回民经营，所售卖的牛羊肉是经过阿訇念经后宰杀的，每个羊肉床子都有固定的进货渠道，一些大羊肉床子还有熟肉食品的加工业务。

肉杠　北京旧俗，称卖猪肉的肉铺为"肉杠"，因当年肉铺里将猪肉悬挂在"杠"上。经营肉杠者多为山东掖县（今莱州）人，数百年来，山东人一直垄断着北京的猪肉市场，为餐饮业和市民提供了大量猪肉及其制品。

汤锅　旧京将宰杀、加工肉类的铺户称为汤锅。汤锅多设于城乡接合部，主要经营生猪、骡、马、驴及病老骆驼等大牲口的屠宰、加工业务。中华人民共和国成立后，汤锅逐步被正规的屠宰和肉食加工厂所取代。

粮栈　又称粮麦栈，均设在铁路车站和交通要道附近，以代客经理买卖从中扣取费用为业，其资本较大者亦自行买卖粮食，操此业者均设有房屋、仓库，以备堆放货物之用。

米庄 专以采办稻米运京发售为业，亦为南方面粉公司代销面粉，俗称"包牌子"。一些大的米庄还有外贸业务，经营东南亚地区，如泰国、越南、缅甸等国的大米进出口业务。

陆陈行 京人旧俗，称买卖五谷杂粮的粮行为陆陈行。陆陈行以批发为主，也为大小粮店提供五谷杂粮。

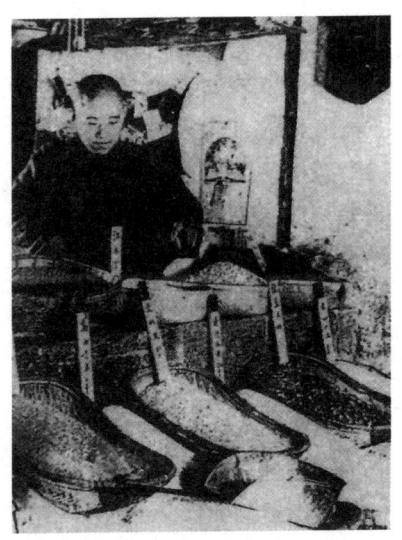

昔日北京粮店

米面行 专以零售米面杂粮为主，亦有兼营油盐杂货。

老米堆房 亦称碓房。在清代专为领取"皇粮"和"禄米"的旗人加工、兑换、周转的铺户，多设在城郊。

切面铺 不仅售卖切面、杂面、馒头、烙饼等主食食品，而且还兼营家常便饭等大众饭菜。

蒸锅铺 老北京售卖蒸食的铺户称为蒸锅铺。除有馒头、糖三角、花卷之类的食品外，还代客加工寿桃等食品。有的还加工销售葬礼中用的"斜食饽饽"，祭祀太阳真君的"太阳糕"等。

饽饽铺 饽饽是糕点的代称，故又称糕点铺或点心铺。旧京有汉、满、蒙、回4个民族类型的饽饽铺。满、蒙的饽饽铺主要经营奶油糕点；汉民称"大教饽饽铺"，有些专营南方风味糕点；

回民饽饽铺多经营素油糕点，除供应回民外，还提供寺庙供品。饽饽铺是旧京的一个大行业，其门店数量和从业人数均居各行业之首。

烧饼铺　北京人将制作、售卖烤烙面食的店铺称为烧饼铺，多数兼卖炸食，故又称"炸货屋子"。大点儿的烧饼铺还卖面茶、粥、豆腐脑之类的小吃。中华人民共和国成立后，烧饼铺合并到餐饮公司，故烧饼铺又有早点铺之称。

盒子铺　旧京称卖生猪肉兼制熟肉冷菜的铺户为盒子铺。盒子铺除经营熟肉等加工食品外，还售卖自家制作的熏鸡、酱鸭、糟蛋、炸丸子等冷荤食品。因这些食品在木盒中存放，故而称之为盒子菜。盒子铺大多在北平解放前歇业。东四普云楼一度经营到1956年公私合营之后。

卖羊头肉的　旧京时代有走街串巷卖羊头肉的，这种小贩多为回民，所卖的羊头肉又有"白水羊头"之称。卖者将肉装在小木箱中或者箩筐中，作料装在牛角里，看起来别有韵味。

糖房　旧京习俗，称买卖加工关东糖的铺户为糖房。糖房除制作、销售关东糖（东北产的糖）、麦芽糖、糯米糖外，在腊月还卖糖瓜之类的"祭灶"供品。在20世纪二三十年代，洋糖（蔗糖）大批来京，糖房生意一落千丈，大多数糖房关闭。

奶酪铺　京城在清代住有不少满、蒙人士，故奶酪店一度兴盛。所谓奶酪泛指牛奶或羊奶制作的食品，不仅满、蒙古等民族的人喜欢，老北京汉民也受其影响，因为奶酪有"饥者甘食，渴者甘饮，内以养寿，外以养神"的功用。北平解放前大多数奶酪店关闭。

烟儿铺 旧京习俗，称卖烟丝、烟叶的铺户为烟儿铺。烟儿铺还兼售槟榔、豆蔻等草药。烟儿铺的店内冬天点盘香、夏天点火绳，供顾客吸烟用，系此行的传统规矩和广告。在前清时代，一些老烟儿铺还有代开银票等金融业务，故烟儿铺亦有烟钱铺之称。

煤铺 售卖煤球、煤块、劈柴等燃料的铺户称为煤铺。旧京时代，此业经营者多为河北定兴人。煤铺的伙计，京人戏称为"煤黑子"。当年买煤

20世纪40年代手工摇煤球

称"叫煤"，煤铺会根据顾客需要，由"煤黑子"送到家中。北京的煤来源于山西或京西门头沟一带。煤铺的煤多由骆驼装运进京，后来由大车或汽车取代。近年来，燃气普及，煤铺大为减少，如今住平房取暖用煤由煤厂供应。

香面摊 香面摊主要经营香面、肥皂之类的化妆用品。所谓香面又称香粉，是加工好的香料。旧时人们将香面装在香囊中，佩戴在身上。在香水大量出现之后，香面摊便失去了生意，如今香面摊已绝迹。

纸店　旧京习俗称卖纸及其制品和文化用品的店铺为纸店。纸店又有南纸店和京纸店之分。南纸店以文人墨客为服务对象，经营宣纸、书纸、竹纸、文具等；京纸店以平民百姓为服务对象，以民俗服务为主，如卖纸钱、纸元宝、黄表纸等；还有奠亡用品、婚丧礼仪用品及室内装饰用纸，有些京纸店还兼卖学生文具、本册等。现在，纸店已无南纸店、京纸店之分，其中有关奠亡、婚丧等用品有的被取消，允许经营的由花圈店代售，剩下的皆由文化用品店或文具店取代。

香蜡铺　香蜡铺主要经营的是民间祭祀用品，如香、蜡、纸佛像、灶王像、纸钱等。因为祭祀用品有季节性，故而不少香蜡铺兼营肥皂、擦手油、梳头油、洗头碱、胭脂等用品。中华人民共和国成立后，香蜡铺关闭，有些业务并到了百货公司。近年在一些寺庙周围又出现了香蜡铺，其主要售品与当年的香蜡铺相似。

挂货屋子　挂货屋子系古玩业的分支，专门经营旧货杂项，所卖商品多挂于店内四壁和顶棚之上，故称之为挂货屋子。其商品主要有低档古玩玉器、地毯、绣片、戏衣、佛前供器法物、木器械等。挂货屋子的进货渠道不外乎收购当铺的"死当"，也有些"抄家货"（罪人之家被抄物资）和从打小鼓儿手中低价收购而来的。中华人民共和国成立前夕，此行业已衰败，少数被古玩店兼并，中华人民共和国成立后残存者划归委托商行。

皮袄铺　旧京寒冷，皮袄为御寒必备之物，故而加工售卖皮袄的铺户很多。皮袄铺隶属皮货行，买卖皮袄的店铺称皮袄铺，加工制作的称为皮局子，好的皮袄铺从"口外"宁夏或东三省进货。

首饰楼 旧京习俗将打造、买卖新首饰的称首饰楼,而买卖旧首饰者称"镂儿铺"。中华人民共和国成立后,首饰楼一度消失,近年来又恢复不少,除卖金银首饰之外,兼卖珠宝玉石等贵重饰品。

砖瓦铺 即今日人们所称的"建材商店"。以经营砖、瓦、沙子、洋灰(水泥)、麻刀、青灰、白灰等为主业,但不卖木料、门窗,有的砖瓦铺还代营锅、碗等生活用品,而且以瓦器为主。对于大宗买卖,砖瓦铺会代为批发采购。

古玩铺 古玩铺在旧京是重要行业,因所卖商品可供考古、鉴赏和收藏之用,故价钱昂贵且没有可比性。古玩铺内有严格铺规、行话和特殊的经营方式,又买又卖,很有专业性和神秘性。操此业者中有不少行家里手可算是"文物专家"。旧京古玩铺大多集中在琉璃厂、隆福寺一带,有许多驰名的老字号。中华人民共和国成立后实行文物保护政策,文物不允许买卖、出口,一些冠以古玩铺的商店改营工艺美术品、仿制品。

当铺 当铺据传始于监狱,就其功能而言,既属于商业、金

民国时期的当铺

融业，又属于服务业，它以实物作抵押向外借钱，有乘人之危发财之嫌，故而自古以来当铺口碑极差。当铺内部有秘而不宣的铺规、行话和经营方式，其内部组织与其他行业不同，其经营管理人员为"当家的"及"头柜""二柜""管库""朝奉"等。中华人民共和国成立后，当铺由委托商行取代，近年来又有当铺出现，当铺又有"典质店"之称。

鼻烟铺 专卖鼻烟的铺子。当年鼻烟分3种：洋烟、中国鼻烟、闻药。鼻烟早年是舶来品，为满蒙大臣、显贵及京城闲人所不可少的消费品，并由此让制鼻烟壶的工艺品有极大发展。随着人们嗜好的转移，在半个世纪前鼻烟铺销声匿迹，但制作鼻烟壶的工艺流传至今。

果局子 买卖水果及水果制品的铺户，旧时称"果局子"。果局子主营业务在夏季，还经营"河鲜"业务，卖菱角、鸡头米、莲蓬、藕等。冬季卖自制的果子干、榅桲、炒红果及蜜饯食品。但主营业务是瓜果梨桃等新鲜水果。

油坊 销售及加工香油、花生油、豆油等油类的铺户，按旧京习俗称油坊。油坊以批发加工为主，其商品多批给油盐店或小贩。

酱园 生产加工、批发零售酱菜、酱油、醋等副食品铺户，京城旧俗称酱园。酱园多为自家加工作坊，所生产的商品除自产自销外，

六必居酱菜

还批发给油盐店。旧时京城还有所谓南酱园,以加工、销售南式(苏州、扬州)酱菜为主。

茶叶庄 经营茶叶的大型店铺,京人称茶叶庄,小型的称茶叶铺。经营茶叶庄者以安徽、浙江、福建、江西诸省人为多。大茶叶庄在产地都有自家的茶园,有专门的茶农负责采摘和加工。北京人最喜欢喝花茶,故而茶叶庄以卖花茶为主项,以红茶、绿茶为次项。

灯扇铺 昔日,前门外廊坊头条,有许多灯扇铺,加工和销售宫灯、纱灯、绢灯,工艺精巧,为北京特产之一。除各类画灯外,还有加工、销售纸扇(折扇)的业务,纸扇上所绘图画均出自画匠或画家之手。在20世纪40年代,灯扇铺相继关张。

席箔铺 旧时北京有不少买卖、加工席子和苇帘的店铺,多开在宣武门外,人称席铺。席子有炕席及建筑用席之分,北京席铺主要经营苇席,南方的竹席很少见。

山货店 旧京习俗称买卖筐、簸箕、锅、碗、瓢、盆等生活用品的店铺为山货店。中华人民共和国成立后,此行并入农资商店或杂货店,但在半个多世纪前是老北京的主要买卖之一。

绸布业 以瑞蚨祥、谦祥益为首的"八大祥",是北京绸缎布业的中坚,绸布业以经营绸缎及布匹为主业,当年均由山东人控制。一些大的绸缎庄"皆在苏杭宁等处派有专人坐庄办理",运货来京时"早年曾有镖局包运"。除经营国产绸布外,在19世纪末开始经营舶来品,如印度、日本所产绸布,当时称为"洋货"。绸布业在京繁荣了一个多世纪,近年来由时装业所替代。

洋行 由洋人（外国人）开办，所经营商品以洋货为主，京人称之为洋行。洋行当年是帝国主义侵略的产物，来华经营的目的是为了占据市场和倾销剩余产品。因北京不是对外开放的商埠，故北京的洋行皆属支行性质，其营业以订货为主，现货不多。最早在京开办洋行的是英国的太古洋行。

洋庄 亦称洋货庄，系洋行派生出来的，除买卖洋货外，主要从中国收购矿产、农产品、手工业品和珠宝玉器、古玩字画等，并将其销到海外。洋庄另一宗业务是批发，向小洋行和华人店铺批发洋货。经营洋庄者少数是洋人，大多为华人。北京城内的洋庄有上海庄、天津庄和东洋庄三大派系。洋行与洋庄对我国经济、贸易的发展作用不大，但冲击了中国市场，中华人民共和国成立后，相继退出历史舞台。

书业 北京作为文化古都，书业一度十分发达。书业当年集中在琉璃厂、隆福寺一带，以经营古旧书为主。民国之后，书业又增加了售卖新书、杂志、唱本和洋书的店铺。

书店 称书坊，不仅买卖古旧书，有些还翻印图书，当时称坊刻本，老北京书坊里的从业人员不少是图书鉴赏家和版本学家，不但会收购、买卖、修补、整理古籍，有些还著书立说，对我国文化事业的发展和文化遗产的保护功不可没。

饭庄业 即今日的餐饮业。旧京习俗将饭庄业分为冷饭庄、饭庄、饭馆、饭铺、二荤铺及饭摊等类别。

冷饭庄 即专门应酬宴会的饭庄，本庄内基本上不外卖。旧京堂会、婚丧嫁娶、生日满月之类的活动甚多，资产雄厚者多请此类饭庄主持餐饮。饭庄在外开展业务，称"外烩"。冷饭庄的代表为会贤堂、惠丰堂等"堂"字号买卖。辛亥革命之后，"堂"字号的冷饭庄大多关闭，有的改成了饭庄。

饭庄　即高档大型饭馆。旧京以"八大居"和"八大楼"为代表，除门市营业外，也应付"外烩"。此类饭庄的顾主多为达官贵人、文人学者、富绅大贾等"有身份的人"。所经营的多为山珍海味等高档菜肴，不经营家常便饭。

饭馆　系中档饭庄，菜肴以中菜为主，顾客以小康人家及普通公务员、教员等为主。

20世纪初北京的饭馆

饭铺　属低档饭庄，以家常便饭为主，顾客为平民阶层，店不大，故京人以小饭铺称之。

二荤铺　系小饭铺的一种，菜肴以肉类为主，并兼卖面条、烙饼等主食。二荤铺系小本经营，顾客以车夫，做小买卖的和手工业者为主。

饭摊　是在街头摆摊售卖饭食的俗称，以卖面食为主，其服务对象以低收入者中的流动人员为主。

清真馆　亦称回教馆，由回教人士经营，专卖清真菜肴、小吃的饭馆称为清真馆，如东来顺等。当年此类饭馆内挂有阿拉伯文的经文，或标有"西域回族"字样。此类饭馆原则上不售酒类，与伊斯兰教教规保持一致。饭馆的掌柜、伙计都头戴白色小帽，以示清真。

跑大棚者　旧京将餐饮业称为"勤行"，跑大棚者是其中一类。操此业的厨师、伙计和领班，没有固定的营业场所，专在茶馆里等客。如有了业务便到雇主家中搭灶、烹饪。跑大棚者专为大户人家的婚丧嫁娶安排餐饮宴会，因其中只做些大路菜，与饭庄在档次上有所区别。中华人民共和国成立后，跑大棚者渐渐消失。

旅馆业　北京的旅馆业是服务业中的大宗，旧京习俗将旅馆业分为饭店、旅馆、旅店、客店、客栈、鸡毛小店、公寓、学生公寓等几类，每一类招待的顾客、所收费用、提供的服务，也有所不同。旧京习俗称洋人开办的或大的旅馆为饭店。此类旅馆除提供食宿服务外，还设有舞厅、会议厅、球厅之类设施。如北京饭店、六国饭店等。旧京习俗称小商人和手工业者提供住宿的旅馆为客栈，既住客又代存货物。称低档小旅店为鸡毛小店。鸡毛小店只提供大通铺，不提供卧具，住客常常睡在炕上或地上的鸡毛堆里，来鸡毛小店住宿者多为乞丐、小手工业者和外地流浪艺人等。为外地进京的小官、教员之类人员服务的旅馆称公寓，因此类人居住时间较长，就成了这些人的寓所。有些人不拉家带口，公寓除提供住宿外，还有包饭业务等。为进京读书的大学生所服务的旅馆为学生公寓。此类学生公寓大多分布在大学附近，按月收租费并提供伙食。寺庙和尚和道士开办的旅馆被称为庙寓，招待的客人以外省进京述职的官员为主。清光绪年间，旧京至少有30余家寺庙有此项业务。当年李鸿章进京住贤良寺，袁世凯住法华寺，这些大庙的庙寓极为豪华、清静，也是外省大员的"驻京办事处"。民国之后，庙寓渐退出。

浴池业 浴池业古称"香水行"，是很古老的行业。据考，在元代大都就有了澡堂，当时为僧人所开办。明代之后，浴池业形成规模，

昔日大栅栏京华客栈

昔日鲜鱼口街兴华园浴池

有了专门的管理机构——"混堂司"。清代浴池业更为发达，遍布京城各地。在清末出现自来水之后，浴池业又有所发展，并有了女浴池，改变了妇女不在外洗浴的旧俗。20世纪30年代，京城浴池有140余家，从业人员4000余人。当年浴池业除洗浴外，还有搓澡、修脚等服务项目，经营者多为河北人，大浴池的搓澡、修脚师傅以江苏扬州人居多。近年来，澡堂为"洗浴中心"所取代，而且因家用洗浴设备的普及，浴池业开始走向衰亡。

坐商

坐商与商标 坐商都有固定的店铺或摊点，一般都集中在居民较多的地区或者商业繁华区，如西单、东四、鼓楼、前门等地。庙会也是坐商集中的地方，坐商宣传广告都是以店铺门前的装饰物，如幌子、牌匾、招牌、楹联等来表现，显示店铺名号和商品内容、质量与特色等，起着介绍商品、招徕顾客、兜揽生意的作用。

旧京习俗喜欢用姓氏为服务商标的主体，主要表现在服务餐饮业、工艺美术业和手工业中，特点是将所提供的商品或服务列在前面，后面是姓氏。此类商标多为口头传诵，也有的制成了牌匾，甚至成为店铺的字号。能将自己的姓氏拿来做商标者，必须是此行的佼佼者，而这些商标不是注册或故意起出来的，而是几十年乃至上百年一代一代传下来，并得到公众认可的，这种商标形式在北京之外的地区并不多见。

招幌 是北京店铺最重要的商标之一。北京各行各业在长期的经商实践中，逐渐形成了不同形式、不同规格的招幌，便于顾客辨认，以广招徕。而且一经形成，不肯轻易放弃。老北京店铺的招幌是民间约定俗成的产物，许多招幌设计得非常艺术，挂在一起将繁华街市的上空打扮得绚丽多彩。老北京商业招幌可分为：实物性招幌，将本行业有代表性的样品、成品、半成品直接挂在街面上，或悬于空中，或坐于地上，顾客一见招幌，即明白商店卖的是什么；模型性招幌，将实物放大，以求醒目，顾客也是一目了然；象征

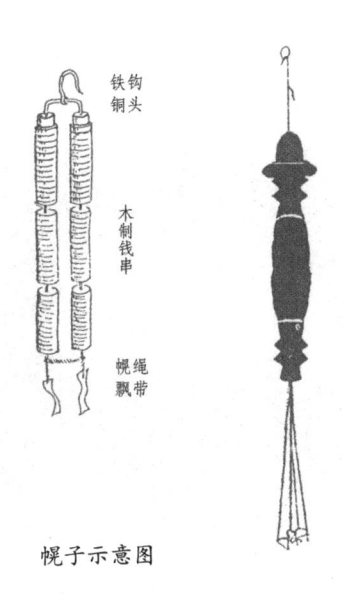

幌子示意图

20世纪初的前门商业街

性招幌,比如颜料铺的招幌为五花棒,酒店则是在门口挂一葫芦,象征性的招幌虽然无法让人一目了然,但因约定俗成,所以顾客很容易明白。

牌匾 北京昔日的牌匾,被视为中华一绝,是街头书法艺术的瑰宝。有些历史悠久的店铺牌匾还伴有故事、逸闻,并都出自名家之手。

清乾隆御赐的"都一处"匾

楹联店铺 为了表现文雅和"儒商"气质,往往在店内或店外挂楹联。商家的楹联与普通的春联不一样,它是常年悬挂,而且楹联内容与经营商品有关系。作为文字广告的重要组成部分,有的楹联文化气息很浓,有的则通俗易懂,商气很重。许多楹联不仅是高雅的上乘之作,而且耐人寻味。

广告 主要有灯光广告、包装广告、广播与报刊广告等形式。

灯光广告 在旧京,灯光广告形式已存在,但不普遍,当年小客店在夜间常以一个写有"寓"字或"客店"字样的灯笼悬挂在门外招徕往来客商。而走街串巷卖羊头肉等的小贩,则手提马灯,既为照明又为自己做了广告,老北京人一见到闪烁的灯光就知道卖羊头肉等吃食的小贩进胡同了。当年小商小贩也讲文明,如在夜深人静时大声吆喝,会引来人们不满,故而以灯光吸引顾客。在街头巷尾摆摊卖馄饨、水果和卷烟的小贩则点上电石灯(乙炔灯),后来又用上了汽灯和电灯。这些灯光在夜里是有号召力和吸引力的,在夜色中人们见到了此类灯光,就会走上前去交易。京城大的商号没有夜间营业的习惯,但在傍晚时门口要高悬大灯笼,后来用上了电灯。至于霓虹灯和理发馆门口的转灯,则是20世纪20年代之后才出现的。

包装广告　茶叶店及一些药店的商品包装也是有广告含义的。旧京习俗,这些店铺的学徒进店后做的第一件事是要学会"打包儿",将商品包装得整整齐齐。而包装纸上就印着店铺的广告内容,如店址、电话和商品介绍等,当年茶叶店的包儿打成长方形,像一个小枕头,即便不用绳扎也弄不散;而中药铺则将每味药单独包成小包儿,小包里还要加上一张一寸左右的药物介绍说明。这些包装是当年他们最好的广告。此习俗在20世纪60年代之后渐少,而改用印有店铺名称的纸袋或塑料袋。

广播与报刊广告　旧京时代许多店铺,如茶叶庄、中药店等,喜欢在刚刚出现的广播电台做广告。当年除了播音员加播广告外,一些京剧票友和曲艺界的艺人也在电台里播广告,借以增加收入。旧京书业喜欢将自己印制或销售的图书广告印在报纸上或书的封里,以此来推销。一些大百货公司和大饭店则喜欢在小报上买版面,常年刊登自家广告。

行商

行商分为两种,一种是专赶各处庙会的行商,一种是有相对固定地点的行商。

专赶庙会的行商也就是人们常说的所谓"赶庙的",其以赶庙会为生,在几大庙会上来回跑,一般是每月转三圈。比如七、八两日赶护国寺庙会,八日下午收市以后,把棚拆了,将商品全部包好,或是人挑,或是雇排子车拉,反正一定要在当天把货物全部运到隆福寺庙会,存放在庙中。寺庙晚间由打更的看管,第二天一早就可出摊营业了。隆福寺庙会收市后,再赶土地庙庙会,设摊三天,货物并不运走,而是封存在土地庙内,第二天才运往花市庙会,因为花市庙会就在大街上,没有地方存放货物。到庙会后,常在固定的地点设摊,多是庙里两廊、前后院、旁门、正殿等处隙地摆摊营业。摆摊位置、占地大小基本上都是固定的,不随意变动,以便招徕老主顾。商品吃、穿、用、玩全有,如衣服鞋帽、绸缎布匹、估衣旧货、木器家具、柳条什物、瓷器盆碗、风味小吃,可谓样样俱全。还有表演娱乐节目的,如单弦、相声、快板、魔术、北京琴书、京韵大鼓、杂技等。摆摊地点向庙里求租,按月交地盘钱,娱乐演出的收入还要给庙里分一份,一般是三七或二八分成。

另一种行商属于流动小贩,这类行商比赶庙的行商资本微薄得多,所做的也常常是些本小利薄的小买卖,并以挑担、提篮、推车的方式流动于街巷胡同之中。如剃头的、磨刀磨剪子的、卖酸梅汤的、卖元宵的、卖馄饨的等。行商小贩的服务对象主要是广大的下层市民,商品也多是下层市民所必需的日常用品。北京建筑多为四合院,家庭主妇们居后院,因此,小贩们多采取货声的形式以吸引她们的注意,招徕顾客,这就形成了北京特有的叫卖货声。

货声　货声是行商小贩们为招徕顾客而采取的特殊广告形式。旧京货声历史悠久，据《析津志辑佚》记载，元代大都"诸蒸饼者，五更早起，以铜锣敲击，时而为之……小经济者，以蒲盒就其家市之上，上顶于头上，敲木鱼而货"。明代《帝京景物略》记载：北京市场上有人"手二铜盏叠之"，击冰盏卖冰。清代《燕京岁时记》载："贩乳鸡、乳鸭者，沿街吆卖。"其中略可见北京货声之盛。清光绪年间有人将京师小贩的叫卖声辑录成书《一岁货声》，书中说听货声"可以辨乡味，知勤苦，纪风土，存节令"。货声可分为"吆喝声"和"响器声"两种。

吆喝声　特点有三：其一，吆喝声讲究实用性。不管是售货、服务，还是收购，目的都是为吸引主顾，因此，吆喝声多直接将商品名称或者收购物品名称叫出来，即所谓的"卖什么吆喝什么"。其二，吆喝声讲究音乐性。其中以两音节者为多，如"小枣——切糕"，"五香——瓜子"；也有的富于音调变化，如前半较缓，后半急促的："江米酒喂——炒面！""硬面儿——饽饽！"相比而言，卖包子、卖豌豆黄儿的吆喝声更是响亮欢快，简直是一曲曲短歌："包子哎，漂白我的面子儿吧，尝尝包子的馅来吧！""哎，这两大块嘞哎，小枣儿混糖儿的豌豆嘞哎！哎两大块嘞，哎这摩登的手绢呀，你们兜也兜不下嘞哎，两大块嘞哎嗨哎，哎这今年不吃呀，过年见了，这虎不拉打盹儿都掉下架儿嘞哎！"有的吆喝语甚至就是一首首动听的歌谣，如走街串巷卖扎制小玩意儿的，吆喝道："小玩意儿，独一份儿，小孩儿买来多有趣儿！不给买，噘着嘴儿，撒泼打滚不愿意儿！一对儿一对儿地掉眼泪儿。"其三，吆喝声都有一定的时间性。一天中，比如早晨卖烧饼麻花，中午卖果子干、玫瑰枣儿，晚上卖炸豆腐，夜里卖硬面儿饽饽，从早到晚不同时间有不同的吆喝声，绝不会混乱；不同季节，不同月份，往往也有不同的吆喝声。因此，许多因为工作太忙忘了季节的人，一听见这不同的叫卖声，立马醒悟到，原来已经换季了。

20世纪初京城沿街叫卖的小贩

响器声　是北京货声的一种，又称"代声"。响器以制作原料不同可分为几种类型。金属的有铜盏、铜钲、铜锣、铁唤头、惊闺，竹木的有木梆、竹板，膜鼓的有手鼓、拨浪鼓、扁鼓，琴弦的有胡琴、三弦等。不同的响器往往意味着不同的商品，因此在老北京，只要根据响器发出的代声往往就能判断小贩所售为何种货物。比如：大铜锣是吹糖人的人和耍猴戏的人所用响器。钲称"点子"，是卖小磨香油者所用响器，为一铜片，面平，形如盘子。云锣称"唤娘子"，是卖针线小贩使用的响器。铁镰即"惊闺""铁拍板"，是磨刀磨剪子者所用响器，用宽约半寸、长五六寸的铁板三至七块，其上各凿两孔，用绳襻重叠联结，用手颠摇，即发出"嚓嚓"的连续响声。报君知即铁琴，又称"唤头""响铁"，是串街理发匠所用响器，铁制大夹子，上窄下宽，用铁棍一拨，即发出"嗡嗡嗡"的响声。郎中铃即"虎撑子",是卖药行医者所用响器,用带有圆孔的熟铁片打成圆环,环内装几粒铁制小圆珠,外面留缝,郎中随走随摇,发出一连串铃声。钉尺是钉鞋小贩所用响器,也是修鞋用的工具,从不吆喝,只用铁锤敲打拐子,叮当作响,闻者即知。铜摇鼓是卖灯油小贩所用响器,小鼓用铜制成,一边拴一鼓槌,安在尺来长的木柄上。三弦是串街卜瞽者所使用的响器,称为"弦子"。瓢是卖瓢小贩所用响器,用竹藤棍敲打挂在担上或车旁的瓢,发出声音。盆是卖瓦盆的小贩所用响器,用小木槌敲打瓦盆,当当作响。小鼓是收买旧物的小贩所使用的响器,分"硬鼓"和"软鼓"两种,打硬鼓的专收贵重物品,打软鼓的专收贱物,老北京人称这类小贩为"打小鼓的",20世纪50年代前期还有。

经营习俗

旧京商业、服务业在长期经营过程中,形成了一系列习俗。有的是实践经验的总结,今天仍有借鉴意义。有的是为了规范同行,维护行业的有序运作;有的是示人以诚信。当然,其中也不乏陋俗,甚至是损人利己的阴招,必须抛弃。这里择其要者,记述如下。

"不养三爷" 旧京众多老字号、老店铺,为了能持续发展和"经久不衰",在用人制度上强调"不养三爷",即不允许股东、经理、掌柜等上层人士的少爷、姑爷、舅爷等亲属参与经营管理和财务工作，以避免任人唯亲和裙带关系所带来的损失。

童叟无欺　老字号和正派买卖人素以诚信取利，强调童叟无欺和言无二价，并以此自律。所谓童叟无欺泛指对顾客无论老人或小孩一视同仁，所谓言无二价是反对在价格上对顾客欺诈、蒙骗等不诚实行为。

行规　行规是旧京行业的自律规定。每个行业自发组成商会、行业公会等组织，并制定条文让业内人士遵守。行规主要是保护本行业利益，有排他性。有些行业将行规刻成石碑或做成牌匾供行业内参照，同时也为业外人士提供了评论、监督的机会。也有些行规秘而不宣，有很强的神秘色彩。总体上说，行规在规范商业行为、讲求职业道德方面有一定积极意义，对于不法商人有一定的威慑作用。违犯行规者往往会为业内人士所不齿，从而失去经营、发展的机会。

行话　行话是行业内的流行语言，只在业内人中口口相传，不允许传给业外人士，故有很大的神秘性。行话中的一些隐语、黑话和词汇，为业外人士所不懂，它不但是经营中的技术用语，而且其中的黑话和隐语，多为坑蒙顾客，以谋取不正当利益。中华人民共和国成立后，此俗根除。

铺规　铺规是店铺自家制定的规定，除对店铺中人员行为有所规范外，往往还限制店中伙计人身自由等权利。学徒进店学徒时，不仅要严格遵守，而且要熟记或背诵。违犯铺规在受到惩处时，不受社会法律的保护。铺规系"霸王条款"，只利于资方，对被雇用者极为不利，中华人民共和国成立后被取消。

讨债与还账 旧京习俗有旧账不过年之说，因此春节前商家要做的重要事是讨债与还账。在旧社会，不少铺户以赊购方式销售商品，许多买主在购物时亦不支付现钱，要在春节前统一结算，此时铺户都要派出账房先生和伙计逐一去结账，俗称讨债。旧京一些旗人以"寅吃卯粮"度日，欠债该账是习以为常的事，铺户对此类负债人要颇费心机，既不能得罪他们，又要讨回债款，故而年前的讨债是件艰辛的事，《竹枝词》中有"打着灯笼去讨债"之语，便是写照。

还账是一些小铺户和商贩年前要做的，因为他们平日的货物是趸来的，有些是代购代销，在年前必须结算清楚，否则来年会无生意可做。经营好的铺户和商贩视年前还账为天经地义，经营不佳者则成了难题，偶尔在此期间溜出家门去躲债。旧京习俗，借债还钱是基本的诚信，一些实在无力还债者躲了几天之后，大年初一还去给债主拜年请安，请求将债务留在来年偿还。当时约定俗成，债主也不多做计较。

服装忌 旧京大买卖、老字号对店东和伙计的服装要求颇严，一年四季要着长衫，不许在顾客尤其是女顾客面前露出胳膊，至于挽袖子、挽裤脚更在严禁之列。

善待乞讨者 旧社会沿街乞讨的人很多，商家都有不成文的规定，对乞讨人要善待，即便是分文不给也要客客气气地"请出去"，不得打骂。尤其是对那些化缘行乞的僧人更是客气有加。当年商人迷信，恐怕这些僧人是"神仙下凡"，所以店家对这类乞讨者是很宽容的。

"十八忌"　旧京大买卖、老字号的学徒进店后要学唱《和气歌》，背诵"十八忌"。所谓"十八忌"，即为忌懒惰、忌含糊、忌奢华、忌滥出、忌滥入、忌潦草、忌歪邪、忌混淆、忌用漫、忌马虎、忌托误、忌糊涂、忌懒怠、忌暴躁、忌妄动、忌粗糙、忌浮躁、忌忘托。十八"忌"，既规范了店员的言行举止，也束缚了他们的手脚。

北京的庙会

庙会是一种集市贸易形式，早在唐代就已存在。多在寺庙节日或规定期举行，一般设在寺庙内或其附近，故称"庙会"，又称"庙市"。北京的庙会起源于辽代的"上巳春游"，史有所载的最早的庙会是都城隍庙庙会。在历史上，北京有众多寺庙宫观举办过庙会，仅在清末民初城区及近郊区就有庙会47处之多。现选择历史长、影响大的庙会，简述如下。

都城隍庙会　在今复兴门内成方街，都城隍庙始建于元代至元四年（1267年），是北京有史料记载的最早的庙会。明代最盛时达十里，庙会上的货物"人生日用所需，粗精皆备"。庙会期是农历每月初一、十五、二十五，后改为每年五月初一至初十举办。

东岳庙庙会　位于今朝阳门外神路街，系元代道教古刹，"从祀东岳天齐圣帝"，每年农历正月初一至十五开办庙会。又因农历三月二十八为东岳大帝诞辰，于是每年三月初一至二十八开放28天，以二十八这一天的庙会最盛。在东岳庙旁侧有九天宫和十八狱，时与东岳庙同期办庙会。

都土地庙庙会 在今宣武门外下斜街，系京城最大的土地庙，被称为都土地庙，属道教寺观，其庙会会期为农历每月初三、十三、二十三。以售卖农资用品和城南郊黄土岗、草桥一带所产花卉为主。

花市庙会 在崇文门外，以西花市大街火神庙为中心。每月逢四有集。除火神庙庙会外，花市还有灶君庙庙会，每年农历八月初一至初三有庙市。花市庙会以售假花为主，无论纸花、绢花、绒花均"颇能混真"。

白塔寺庙会 在阜成门内，白塔寺本名妙应寺，因其白塔而有了俗称。每月逢五、六两日开庙。庙会中喇嘛茶馆最有特色，但限定"不卖女客"。

护国寺庙会 位于西城护国寺街，俗称"西庙"，每月逢七、八开庙。中华人民共和国成立后庙会停办，庙中多数殿宇改为他用，目前仅存金刚殿一处。

隆福寺庙会 位于东城，俗称"东庙"，明清之际每月初七、初十有庙市，到了民国改为每月逢一、

旧时护国寺庙会

二、九、十开庙，有"诸市之冠"之称。中华人民共和国成立后

庙会停办，在此建东四人民市场，近年改称隆福大厦，由于经营不善等原因多次停业，但庙会的盛况仍留在老北京人的记忆中。

厂甸庙会　在琉璃厂火神庙附近，是北京典型的春节庙市，兴起于清乾隆年间，每年农历正月初一至十五为庙会期，以文玩、书画贸易为主。故厂甸庙会有较高的文化含量。如今这里已成为北京著名的文化街。

民国时期的厂甸庙会

白云观庙会　位于西便门外，相传白云观始建于唐开元年间，是北京最大的道观，有"天下第一观"之称。每年正月初一至十九开庙，庙期传统活动是摸石猴、顺星、打金钱眼、拴娃娃。摸石猴据说可以祛病驱邪；窝风桥打金钱眼，打中者谓一年诸事顺遂，平安吉祥。正月十九被称为"燕九节"，传说这一天是"会神仙"的日子，故这一天是白云观最热闹的日子。

雍和宫庙会　在东城北新桥以北。每年正月三十（或为二十九）至二月初一，寺里喇嘛举行盛大法会，跳步扎送祟驱邪，俗称"打鬼"。打鬼之日，北京城内"万人空巷，裙屐杂还"，"城中男女，出郭争观，寺前教场，游人蚁聚云屯"（《京都风俗志》）。

前门关帝庙庙会　位于正阳门外瓮城内，关帝庙建于明天启年间，供奉"义圣忠王"关羽，每年农历除夕、正月初一、初二开庙三日。清代每逢正月初一、十五开庙，民国后因游客太多而改为正月初一一天。此庙不设庙市，香客进香后到前门大街购物、游玩，成为京城庙会的"另类"。

五显财神庙庙会　在广安门外六里桥西南。每年正月初二、九月十七开庙，因离城较远，不论贫富，多数香客都要租毛驴乘坐，返回时要买蝙蝠或福字绒花，说是"带福回家"。其庙址已成三环路路面。

妙峰山庙会　妙峰山在北京西北，山上有娘娘庙，清康熙年间敕封"金顶妙峰山"，从此香火更盛。每年四月初一至十五开山半月。参会者不仅有京津人士，华北地区乃至全国许多省籍的人士也来参加，"香火之盛，实可甲于天下"（《燕京岁时记》）。

药王庙庙会　明清两代最著名的药王庙有4座，最大的是南药王庙，在崇文门外东晓市大街路北，每逢朔望各开放一天，除夕夜至大年初一香火极盛，四月二十八药王爷生日时演戏庆祝。北药王庙在旧鼓楼大街以北。后海药王庙在地安门外什刹海西，每逢朔望开庙。小药王庙在东直门大街路北，药王爷生日时烧香者众。开庙时均有小商贩赶庙，货品以日用百货和小吃居多。

精忠庙庙会　京城供奉岳飞寺庙有几处，北新桥精忠庙较为出名，每年正月初一开庙，正月十三复开庙五昼夜。"夜庙之际，殿前满列纱灯，上面皆绘佞臣（秦桧）伏状，状极可哂。游人过此，莫不嗤之以鼻。"因传说庙中古井锁有可以让京城变为苦海的妖龙，故庙会时十分热闹。

蟠桃宫庙会　位于东便门外，以供奉王母娘娘为主，每年三月初一至初三开庙，后延长至初五，庙会期，恰是冬去春来的"春游"之际，故而每至庙期，自崇文门沿护城河来蟠桃宫长三里的路上，车水马龙，人流如织。

昔日蟠桃宫庙会

潭柘寺庙会　该寺始建于晋代，原称嘉福寺，又有龙泉寺、万寿寺、岫云寺等名称。因寺内有龙潭、柘树，故俗称潭柘寺。旧京有"先有潭柘寺，后有北京城"之说。潭柘寺每年三月初一至十五开庙半月，"香火甚繁"。清末停办至今。

北京四季民俗商品

春季（农历二月至四月），主要有太阳糕、豌豆黄、苣荬菜、茵陈、凉粉、蝴蝶花、蛤蟆骨朵儿、芍药花、清水杏儿、青菜等。

夏季（农历五月至七月），主要有粽子、江米藕、桑葚和樱桃、菖蒲和艾子、酸梅汤、"五月鲜"玉米、甜瓜、豌豆、饸饹（面条的一种）、西瓜、蜜桃、菱角、"河鲜儿"（藕、莲蓬、菱角、老鸡头等）、奶酪、蝈蝈、葡萄和枣、莲花灯（河灯）、灌肠、爆肚、羊肉杂面等。

秋季（农历八月至九月），主要有酱豆腐和臭豆腐、豆芽菜、雪里蕻、豆汁儿、柿子、落花生、大白菜、黄土等。

冬季（农历十月至次年一月），主要有冰糖葫芦、羊头肉、牛头肉、蒲帘子、水萝卜、茶汤、腊八米、关东糖、皇历、年画、春联、荸荠、金鱼、艾窝窝、甑儿糕、元宵等及送财神爷的。

20世纪初的冰糖葫芦摊

煤业、建筑业和漕运民俗

煤业习俗

京西的采煤业从辽代算起,已有千余年历史。世代在煤矿劳作的矿工,形成了与其他行业不同的生产、生活民俗。煤矿工人常年在井下作业,衣衫破烂,甚至衣不蔽体,旧社会对他们的蔑称是"煤黑子"。矿工劳动条件艰苦、危险,由矿难而死人的事屡有发生。由于当年煤窑设备简陋,生产方式落后,窑主只为赚钱,不顾窑工死活,所以窑工下井,没有劳动保护,生命安全没有保障,矿工们只有祈求神灵保佑,于是在产煤矿区有了窑神崇拜,并形成了祭窑神的习俗。

京西矿区虽有久远的祭窑神习俗,但窑神是谁并不计较,只求心到神知。矿区祭拜窑神的形式很多,主要有窑神生日祭、开窑祭、煤窑停采复工祭、节日祭、日常祭等。

据传,全国各地窑神的生日,多在腊月十八,唯独京西门头沟地区为腊月十七。因门头沟属宛平,为京畿直辖,天下首县,县官比其他县份高出一品,所以窑神生日也提前一天。此日,各煤窑都停工一天。祭祀前,窑神两旁贴上对联,上写"乌金墨玉,石火光恒"等赞语。在窑口摆上供桌，供上猪头、整鸡、水果、馒头、点心等供品。供桌上摆放有香炉、蜡扦，点燃成束的高香。煤窑的窑主烧第一炷香，然后煤窑的总管、作头、账房、里外秤、刨煤工、挖煤工等，按职务、地位高低，依次向窑神烧香叩拜。祭毕，窑门口放着成筐的鞭炮，矿工们可以尽情燃放，各窑的鞭炮互相比响，门头沟矿区一片欢腾。这天，即使再吝啬的窑主，也要请窑工足吃足喝一顿。

  旧时，开煤窑要请风水先生堪舆，再请有开采经验和技术的作头根据山脉、岩石、河流的走向，判断煤层走向，选择窑开在什么位置，最后由窑主拍板决定。一般来说，窑口选择向阳、洪水不易冲刷、交通方便或道路容易维修的地方。选定窑口开窑时，要举行隆重的开窑仪式，祭祀窑神保佑。开窑的日子必是黄道吉日，一般是逢六、九的日子，逢六为初六、十六、二十六，意为六六大顺；逢九为初九、十九、二十九，意为天长地久。在破窑门的地点，搭上席棚，在窑口处摆上供桌，向窑神供上祭品。此窑神多为从集市上请（买）来的窑神像。窑主与作头等管理人员及矿工，依次向窑神上香磕头，念诵祝词。然后窑主先刨第一镐，铲第一锹土。此时鞭炮齐鸣，大作头带领跟班作头、掌头和窑工开始施工，待做好第一对支护木棚之后停下，贴上对联，对联内容为"立柱正逢黄道日，上梁适遇紫微星"，横批多为"开门大吉""财源茂盛"。有时艺人乞丐前来助兴，为煤窑唱喜歌、讨赏钱。有的窑主也会请来当地吹鼓手，在窑口吹打奏乐，庆祝开窑，以此扩大影响，显示其经济实力。

京西许多煤窑是"雨来散"。即冬季开采，夏季停工。因入夏后雨水多，窑内容易积水，操作不便，成本加大，易出事故。窑主为了保护自家矿井，往往在夏天封井，一般是农历五月初一封井，九月初六复工，遂成为"夏不下井"的习俗。在这4个多月的封井期中，矿工们只好另谋生路。"夏不下井"并非是劳动保护，只是窑主担心发洪水淹了矿井，切身利益受损。经过一个夏天的封闭，煤窑内发生何种变化，窑内积水深浅，谁也不知。复工时窑主为图吉利，矿工为求平安，在打开窑口之前，也要举行祭窑神仪式，祭祀规模比新开煤窑要小，一般是向窑神敬献猪头，进行跪拜，说些吉祥话就行了。

京西风俗，每逢节日，多向神灵祭祀。煤窑在节日期间向神灵祭祀的同时，也向窑神祭祀，一般不再单独祭祀窑神，而是与神灵祭合为一体。但农历正月初五是个例外。这一天是春节过后开工的日子，矿工们从家里出门，要带上一炷香，出村后将香点燃，面向北方给窑神爷磕头，然后去煤窑上工，到窑口再向窑神跪拜，感谢一年来的保佑，企盼来年平安。

旧时，京西矿区的许多煤窑，在进入窑口后的上方煤壁，专门辟有安放窑神的神座，放上窑神像，讲究的还放上窑神神龛。煤窑总管负责每日向窑神祭祀，晨昏三叩首，早晚一炷香。矿工出入煤窑，从窑神像下经过，就可以算作向窑神祭祀了。

煤窑行业禁忌很多，如在井下发现有老鼠等动物，窑工一般不能去打，认为鼠是窑神爷的马，有老鼠的地方就有窑神保佑平安。其实，这是一种误解。井下空气流通不畅，人进去后容易窒息死亡。而有老鼠的地方就有空气，人就可以进去工作。窑工不能解释这种现象，就附会在窑神身上。在煤窑，有许多话是犯忌的，如井下发生塌方，只能说"井下冒了"。窑场的存煤，不论买煤的怎么多，总有一小堆煤不卖，不能清理光，忌让人说"没了"。旧日煤矿不许妇女下矿井，不许她们祭窑神。这种禁忌妇女的旧俗，客观上也是对妇女的保护，因为昔日煤矿生产条件极其危险，可以避免妇女陷入矿难之中。

建筑业习俗

旧时建筑业虽没有现代建筑业复杂，但也分工种，概括地说，离不开"三匠"（瓦匠、木匠、石匠）。讲究的房屋建筑，还需要有棚匠、粉刷匠、漆匠和画工、雕工。此外还有小工、卯子工等辅助劳力。这些工种和行业既有相同的习俗，也有不同的习俗和禁忌。

按北京旧俗，从事土木建筑的工人称瓦匠。瓦匠只干砌砖、上梁、铺顶、上瓦等"大活"。瓦匠头一般要会设计、画图、成本核算。老北京的瓦匠还有一手"绝活"，他们用碎砖和黄土盖建的房屋在外观上看不出破绽。小工是为瓦匠打下手的工人，亦称壮工，只干些和泥、起灰、挑砖担瓦等力气活。有些瓦匠和壮工被人临时雇去干活，早上干，晚上散，称之为"卯子工"。旧京瓦匠干活时，将吃饭时间称为"饭歇儿"，将上、下午各一次的喝茶时间称为"茶歇儿"。如果瓦工、壮工干活卖力气而且活做得地道，主人家还会沏好茶相待，对他们休息时间长短也不太计较。上梁是盖房的关键环节，瓦匠们视这一天为喜庆日子，头一天要剃头沐浴，祭拜祖师爷鲁班。一些大户人家在上梁时要给工匠们额外的赏钱，梁上要披红挂彩，屋外燃放鞭炮。旧京瓦匠在开工、上梁、盖顶铺瓦前要先看皇历后方肯施工，其门窗位置要听从风水先生的指点，以图吉利。因此看皇历和请风水先生成了此行的规矩。瓦匠在施工时，不允许匠人在新房工地内大小便，认为会冲撞鲁班爷，也是对业主的不恭。

老北京木匠亦称木工，是个大行业，有木匠和细木匠之分。细木匠除雕刻木器外，兼做家具。他们一般都在作坊中做订货的活，主张"慢工出巧匠"，既要数量，更讲求质量。木匠则以干大活为主，如盖房时打造梁柱、门窗等。因木匠多与瓦匠相配合，二者习俗有许多相同之处。不同的是木匠的加工材料多为易燃品，最怕失火，为此在工作中远离烟火，在饭歇儿、茶歇儿时抽烟要远离现场，禁止将火柴、火镰等与工具放在一起。许多木匠挑选学徒时以不吸烟者为首选。旧时木匠也有陋俗，工具箱和做活的案子，不许妇女跨越或躺坐，倘有此类事情发生，他们会煞有介事地吐几口唾沫，以除"晦气"。

瓦、木、石、雕各业供奉的行业神都是鲁班，北京工匠在生产活动中祭祀鲁班，至少在元代已经出现。这些工匠不仅在建筑施工的重要环节上祭拜鲁班，收徒弟在拜师前，徒弟要先向"祖师爷"三叩首。木工除了以鲁班为祖师，还要祭祀火神爷，这是源于该行业对火的禁忌。

漕运民俗

隋朝,燕城至江南大运河开通,从此燕城对外交通水陆并举,相互补充。元代,大都水上通道主要有两条:一条是凿通京杭大运河北端的通惠河,南来船只沿运河可一直入大都城;另一条是坝河,与大运河相接,沿河建有7座坝。每年漕运,"自冰开发运至河冻时止,计二百四十日,日运粮四千六百余石"(《元史·河渠一》)。元明清三代,从事漕粮运军多时至10万人。通州漕运日夜不停,运河上船工号子此起彼伏,响彻云天,人们谑称"十万八千嚎天鬼"。漕运停止后,船工号子消失。1992年,通县文化馆发掘整理,计有"起帆号子""摇橹号子""拉纤号子""推船号子""出仓号子"等20首。

明代,通州大运河漕运,民俗中有开漕节,源于祭坝仪式,分为公祭和民祭。公祭由漕运官员主持,民祭由漕运的行会组织。开漕节一般在清明期间,此时河开解冻,第一帮运粮船抵达通州

清代大运河上的漕运景象

之后进行。先由漕运官员祝祭，颂皇恩，颂先贤，祭坝上香，祭通惠祠诸神，检验漕粮和量器，求神灵保佑漕运通畅、运粮平安，表示量器合法，公道之心人神共鉴。公祭之后，民祭开始，感谢坝神功绩，求坝神保佑劳作平安、一家平安、多挣点钱。开漕节是漕运中一年的重大活动，热闹非凡，当地官府、行会、百姓争相参加，各种民间花会也争相到此表演献艺。尤其是表演漕运官员巡坝活动时，沿途锣、号开道，伞幄垂垂，官员乘肩舆其中，护兵气势威严，煞有介事。巡坝后的各种花会表演，人山人海、拥街塞途，观看和表演的人群如墙如堵。开漕节后，往京城运粮正式开始。

清代末年，朝廷将征粮改为折征银两，随陆路兴起、铁路发展，漕运逐渐废除，祭坝活动和开漕节随之消失。

手工业及传统工艺民俗

手工业生产习俗

早在西周时期，燕国都邑蓟城就形成了青铜冶铸、冶铁、制陶等手工业门类。东汉时期，作为广阳郡治所的蓟城，铁器产品的生产较为普遍，手工制陶业又有了新发展。北京成为辽、金、元、明、清五代帝都之后,历代王朝都曾遴选各地的能工巧匠、名师高手会集于此,营造皇室,修葺园林,发展手工业生产。明末清初,随着商品经济的发展,北京的手工业生产进入兴盛期,至乾隆初年达到高峰。当时,北京的手工业分为官营和民营两种类型。官营作坊由朝廷内务府和工部管理,设有铜作、皮作、铁作等,产品直接供朝廷享用,促成了北京手工业产品具有高档、精致的特点。民间手工业生产逐渐形成了五行八作俱全和"前店后坊"的经营特色。鸦片战争后,北京手工业产品受到大量涌进的外国商品排挤,民间手工业在困境中苦苦挣扎。辛亥革命后,北京手工业得到短暂恢复。随之,列强蚕食、军阀混战,在内忧外患中,北京手工业一蹶不振。北平沦陷后,在日本侵略者"统制"政策下,手工业奄奄一息。直到中华人民共和国成立,北京手工业生产才又恢复生机。

北京手工业多为个体作坊,从业人员均在自家作坊里生活和生产。按北京习俗,一般称为"作",如"小器作""木器作""灯笼作""象牙作"等;有些行当则称"房",如"豆腐房""糖房"等;也有些行当称为"坊",如"油坊""酱醋坊"等。无论是"作""房"还是"坊",都是作坊的意思。手工业生产多为家庭式,除一些大作坊雇用外姓学徒和工人外,许多行业都是父子、爷孙、儿女、兄弟和叔伯在一起劳作。"前店后坊"的生产和营销方式,使自家工艺不外传,保留自家技艺的秘密和传统。

大的手工业作坊也收一些学徒,多是同乡或熟人介绍来的十几岁孩子。在有些行业,学徒与师傅还有血缘或亲戚关系。新人入行要举行拜师仪式，先拜"祖师爷"（行业神），再向师傅叩头，有的行业还要签契约，徒弟要向师傅发誓，永远不做"欺师灭祖"的事，否则"天打五雷轰"。跪拜过师傅，还要向师娘、师兄们行礼。学徒在拜师之后，师傅除教一些基础技术外，更多的技术要自己琢磨、摸索，故有"师傅领进门，修行在个人"之说。学徒要想学会、学精一门技术，成为本行佼佼者，不仅要悟性好，更要刻苦，要"冬练三九，夏练三伏"。千百年来许多行业都以"要想人前显贵，必须背后受罪"来教育和培养新人。

北京的手工业有不同的行业神。木瓦石匠业、木雕业皆供奉鲁班，玉器业奉丘处机（曾为北京白云观主）为祖师，景泰蓝业尊大禹为行业神（此业多用青铜做材料，相传大禹曾铸9个青铜鼎），制笔业奉蒙恬为祖师，制墨业奉吕洞宾为祖师，印刷业将文昌帝君作为守护神，造纸业信奉祝融（火神），香业以关羽为行业神，靴鞋业敬仰孙膑，绦带业则崇拜哪吒，不一而足。中国是个泛神论国家，北京手工业有数百个行业，也就有数百个行业神。这些神祇有些在某个方面可能与该行业的生产品有关，有的则不沾边。各业的工匠们敬奉、祭祀行业神，主要是一种精神寄托，祈求保佑平安，本业兴旺。

传统工艺习俗

北京的传统工艺品制作源远流长，其兴衰起伏，与手工业的发展历程大体一致。北京成为五代帝都之后，名师巧匠云集于此，这些封建王朝在国际交往中，各国的"贡品"也荟萃于此，使北京的工艺品制作得以博采中外之长，而更加丰富精美。

工艺品在归属上，与手工业产品属同一类别。二者有所不同的是，工艺品制作技巧性更强，用现代术语来说，其技术含量高，附加值也高。如北京故宫收藏展出的各种玉雕、牙雕、木雕，沈寿的绣像，老天利的景泰蓝，马少萱的内画壶等，技艺精湛，令人叹为观止，无论是文物价值还是艺术价值，都难以用金钱衡量。

传统工艺品制作民俗与手工业生产民俗，在许多方面是相同的，如"前店后坊"的生产（制作）方式，拜师仪式，对学徒的教育方式，对行业神（祖师爷）的虔敬和按时祭祀等。但传统工艺品制作习俗又有其特殊性。

其一，传统工艺品制作的私密性更强。不少工艺品世家为了使自家技艺不外传，定下家规"传子不传女"。有的家庭由于种种原因将技艺传给了女儿，女子往往要为此付出沉重代价。清末以做料葡萄闻名的常家，几十年中摸索出用香灰喷洒在蘸过糖水的葡萄珠上如同带着一层嫩霜的绝技，为了不使这一技艺外传，其后裔常桂禄姑侄5人竟宁愿终身不嫁。其二，以姓氏为行业称呼。即以自家的姓氏与工艺品名称连在一起，作为本行业的代表称呼，同时也是门店字号。如"象牙杨""葡萄常""泥人张""面人汤""风筝哈""毛猴曹"等。人们只要知道艺人的姓氏，就知道此类工艺品是否正宗，外姓人难以假冒。这种特殊民俗，虽然在社会主义改造之后逐渐消失，但在当年却有很好的效果，姓氏成了质量和信誉的保证。

人生礼仪和社会风俗

　　人生礼仪是指人的一生中所经历的大型礼仪活动，如诞生礼、成年礼、婚礼、寿礼、丧礼等。这是人生中几个重要的转折，历来受到个人、家庭和社会的重视，从而形成了一定的形制、程序并历代传承。人的社会属性，决定了人际间要有各种各样的交往，人们的言谈举止，待人接物，无论是自觉还是不自觉，都要受到约定俗成的行为规范的制约。北京特殊的历史条件，众多少数民族的参与，农耕文化、游牧文化和宗教文化的整合，使北京地区形成特有的人生礼仪、社会风俗和岁时节日民俗。

婚　俗

婚姻形态

原始群婚　远古,"北京人"男女之间的婚姻关系没有限制,属于杂交阶段,这是人类最早的、最原始的婚姻形态。这一点从"北京人"的居住情况可以推知。

妻母报嫂　这是北京北部地区少数民族拥有过的一种婚姻形制,又可称为"收继婚""转房"或"接续"。其具体含义是:"父死则妻其母,兄死则妻其嫂,叔伯死则侄亦如之。"(《三朝北盟会编》)这就是说,收继婚可按收继者与被收继者之间的关系分为两种,一种是同辈收继,即弟收兄嫂或兄娶弟妇;一种是异辈收继,即子收庶母、侄收婶母、孙娶继祖母等。此种婚姻俗制的形成,重要原因是为保证家庭或家族财产的稳定性,不致因寡妇再嫁使得财产流向其他家庭或家族。"妻母报嫂"婚制是原始群婚制的遗风。北京地区流行"妻母报嫂"婚姻习俗是从辽代开始的,契丹人对此不视其为陋,还要写进墓志铭中。元代蒙古人也实行"妻母报嫂"制度。辽南京地区的汉人受契丹习俗影响,还有姊亡妹续习俗。清代早期,还保留着女真收继婚的旧俗。

一夫多妻与一妻多妾　一夫多妻是婚制中一种较为落后的形式。契丹族、女真族虽有"妻母报嫂"的习俗，但早期都实行一夫一妻制。待到这两个民族以南京、中都为陪都，建立起辽、金王朝之后，一夫多妻得到朝廷认可。元代大都城内，蒙古族人实行的是一夫多妻制。妻子的多少由家庭财产状况来决定，因此，多妻人家，妻子可达数十人之多，妻子之间，有明确的正、次之分，正妻只能有一个，一般是结发妻子。如果正妻死去，次妻可立为正妻。正妻以下诸妻按成婚先后排序。

与蒙古人相反，大都城内的汉人则承袭前代习俗，多实行一夫一妻制，但以纳妾作为补充婚姻形式。元代这种一夫多妻与一妻多妾，形式上似乎是一样的，但事实上却有着严格的区别，因为妻、妾地位不同，妾地位低下，如奴婢一般，不能上事宗庙，死后也不能被祭，不能与夫合葬。明代以后，北京婚制继承汉文化传统，多采取一夫一妻制形式，但以纳妾作为补充，以弥补不育遗憾。辛亥革命以后，女权运动呼声高涨，一夫一妻制逐渐得到民众认同。中华人民共和国成立以后，一夫一妻制成为国家基本法律。

婚姻关系

族内婚与族际婚　契丹人早期只能在本民族内部相互联姻，严禁与他族通婚。辽王朝建立以后，各民族杂居共处，族内通婚的习俗已难生存，加上辽朝统治者又需要通过婚姻纽带笼络汉族官吏，契丹人与汉人通婚也就随之发生。金中都的女真人对民族间婚姻关系的限制较为严格，但只是针对上层统治者而言，对下层人民的男婚女嫁，界限则较为宽泛，而且持鼓励态度。客观上当时中都地区民族杂居已久，男欢女爱已无法限制；主观上金代统治者也希望借民族间的通婚达成民族间的融合，便于统治。

元代由于实行一夫多妻制，大都蒙古人往往拥有多名妻子，其中就有很多是汉人或者色目人。但是，为了保持"蒙古本俗"，大多数蒙古人仍然至少要娶一个本族人为妻，这种状况一直延续到元朝末年。

清初，满族人的婚姻重视民族高下，禁止满汉通婚。然而，民族融合是社会发展大趋势，历史的前进决定了满汉不婚的禁忌不可能维持很长时间。

贵族政治联姻　虽然民族间的通婚为各朝各代所允许，但相对而言，本民族内部联姻仍然是五代帝都北京婚姻对象选择的主流，尤其是以皇家为主的贵族集团更是如此。元代，皇家贵族之间也保持着较为固定的婚姻关系。

行歌求偶　金代早期流行"行歌求偶"习俗。贫困人家的女儿到了及笄年龄即于路上唱歌，歌声中自述家庭状况，会做的妇活，自己的容貌，并表达求侣之意。听到歌声又未娶欲纳的男子就会带她回家，之后再备办礼物，带着女孩子前往女方家求婚。金人还有抢婚习俗。

同姓不婚　女真人早期以部落为姓，实行的是部落内的氏族婚制，即"同姓为婚"。南迁过程中，因氏族杂居，逐渐形成部落外婚制的新风，即"同姓不婚"。金朝统治者多次下诏，采取严厉手段强行改易旧俗，推行同姓不婚。从"同姓为婚"到"同姓不婚"，是婚姻史一大进步，表明当时人们已经意识到旧的婚姻制度对自身繁衍和社会进步的障碍。元代也规定同姓不得为婚，并宣布以至元八年（1271年）正月二十五日为最后期限，之前同姓已经结婚的人不做改变，之后如果再有同姓为婚者均依法定罪，命其离婚。对同姓婚姻的禁止在北京一直存在到清代末年，此前，北京人口流动相对较小，同居北京的同姓人或多或少有一定的血缘关系，禁止同姓成婚非常重要。清末民国以后，北京人口流动极为频繁，尤其是在现、当代，同姓之间存在血缘关系的可能性相对较小，因此同姓不婚的习俗也逐渐废弛。

婚礼仪式

辽、金、元、清封建王朝确立之后，先后大批迁居北京的契丹人、女真人、蒙古人、满人基本接受了汉族婚礼仪式，但也在一些方面保留了本民族的婚礼习俗和特色。明代北京婚仪，定亲要"合礼"，择吉日到女家"相亲"，之后"下茶礼"，接着"纳彩"，婚前一天举行"催妆礼"，成婚"撒帐"，这是增添了南方人习惯的汉族婚仪"六礼"。清朝定鼎北京后，一反满族人入关前极为简朴的婚仪，形成了一套比汉族"六礼"更烦琐的婚仪，分为通媒、小定、拜嫁、下茶、开剪、迎娶、坐帐、合卺、分大小、回门等程序。其中新人男左女右并肩上床"坐帐"时，由宗老吉服致祭，用满语念合婚歌,每念完一节即切肉一片,掷于空中,向地酹酒一杯。民国建立,北京地区对前朝的婚仪大部分继承下来,局部有些改变,减少了北方少数民族习俗。

过帖 男女青年长到十几岁时,便由亲友或媒婆出面为两家说媒保亲。所谓"过帖"就是双方交换"门户帖""八字帖"。"门户帖"各书家族籍贯、三代官职等;"八字帖"即将双方的出生年月日与天干地支相配等情况写明。在过帖前,"八字帖"还要由星相家放置灶神炉下3天,以占吉凶。3日内家中若无器物损坏,便可过帖。

合婚 "过帖"之后,双方家庭还要看属相,如属相上"相克"则不可结合,只有属相相合才可继续进行,属相有许多禁忌,如"鸡狗不到头""虎羊不相配"等,是婚俗中的迷信。

定礼 分小、大定礼两种,"小定礼"送些戒指之类的小礼物,女方收到后也回赠些鞋帽、文具等礼物;"大定礼"又称"通彩礼",增加了衣物、首饰、家具及生活用品等。

送嫁妆 姑娘出嫁时,娘家要把一些礼物陪送过去,称为"送嫁妆"。嫁妆多少以"抬"计算,其中以"六十四抬"为全份;"三十二抬"为半份,抬多的要请喜轿铺的轿夫抬到男家,并伴有乐队。男方也要有乐队相迎,称为"迎妆"。如嫁妆不够"抬"要请"窝脖儿"扛去。京人送嫁妆严禁用车拉,以避"抄家之嫌"。

开脸 又叫"绞脸"。女子出嫁前一日或当日,请儿女双全的妇女用两条线互相搓和,将待出嫁之女脸部汗毛拔干净,使面部显得光亮洁白。开脸后女子发型也随之改变,由少女转为少妇。

旧时娶亲花轿

倒红毡 在迎娶新娘时，有一拿红毡的人，俗称"红鸾喜"。当轿子经过桥、井、庙时，他用双手将红毡展开遮住这些地方，其意怕新媳妇中邪。新娘上下轿时脚不准踩地，此时将毡铺在地上请新娘从上面走。

跨马鞍、迈火盆 新妇乘花轿到男家，下轿时手抱花瓶一只，内装五谷杂粮，俗称"宝瓶"，从一个安放在地面上的马鞍和炭火盆迈过去。"迈火盆"意即烧去一切不吉利的东西；跨马鞍即平平安安之意。

拜堂 俗名"拜天地"。在天地全神之位前设天地桌，桌上陈设弓箭、瓷瓶、香斗等。在主婚人的指导下，新郎、新娘首先向天地叩头，再向父母叩头，最后是夫妻同拜，拜堂后，新娘新郎才被社会和家庭所承认。

坐帐 拜天地后，新郎新娘入洞房，按男左女右的位置肩并肩坐于床上，新郎的右衣襟压在新娘左衣襟之上，表明已同床。

坐帐时行"撒床礼",由"全福太太"主持,手持喜果即桂圆、荔枝、栗子、花生、红枣等撒于床上,边撒边唱吉祥语,以求富贵吉祥。

露脸 又称"初会",俗称揭盖头。新郎用秤杆将新娘头上所盖的盖头揭下,使新娘的面目呈现于众人和新郎面前。露脸后喝交杯酒。酒杯两个,用红绳相连,由娶亲太太送给新郎,送亲太太送给新娘,各饮半杯再互相交换,谓之"千里姻缘连一线"。

子孙饽饽、长寿面 喝过交杯酒,新郎新娘共吃煮得半生不熟的"子孙饽饽"(即饺子,由新娘家准备)和长寿面(即面条,由新郎家准备),吃时旁人要问:"生不生?"新郎新娘回答:"生。"即生小孩。吃子孙饽饽、长寿面象征子孙后代兴旺长寿。

拜祖先、定名分 俗称"分大小",新婚第二天早晨,新妇盛装,出拜祖先及翁姑,阖家均按长幼拜见,然后拜亲友,唯必夫妇同拜,谓之"双礼"。拜后,长辈要象征性地给新婚夫妇一些钱物,以示祝贺。

婚俗改革

1949年6月,北平市民政局发布《北平人民集团结婚暂行办法》和《北平市民参加集团婚礼须知》,随后又组织举办了北平解放后首次集团婚礼。实行结婚在民政局社会服务处登记的办法,简化礼仪,新娘不乘花轿,没有吹鼓手;结婚不设宴席,避免了奢侈攀比;没有任何迷信色彩的旧俗套;婚礼有市政府领导、工会、妇联、青年团的代表以及报社、电台记者参加,隆重热烈。

1950年,《中华人民共和国婚姻法》公布,实行婚姻自主和一夫一妻制,规定夫妻有使用各自姓名的权利,在家庭中有平等地位和共同财产权。为了彻底摧毁旧的婚姻家庭制度,树立新的婚姻观念,执行新的婚姻家庭制度,各级人民政府和各人民团体开展了大规模的《婚姻法》宣传活动,一个新的男女平等的婚姻家庭制度开始在全市建立。

丧　俗

葬制

穴葬　距今约18000年的"山顶洞人",将死者的尸体葬于洞穴中,其所居洞穴分上室和下室,上室是居室,下室是墓葬。根据考古发现,在"山顶洞人"尸体周围撒有赤色铁矿粉,这可能是最原始的尸体处理方法,也是迄今所知道的北京先民最早的葬制。

树葬　契丹人早期,丧葬习惯多采取树葬。史书记载:"(契丹人)父母死而悲哭者,以为不壮,但以其尸置于山树之上,经三年后,乃收其骨而焚之。"(《隋书·契丹传》)契丹族建立辽王朝,迁居南京的契丹人,在一段时间里,有的仍采用传统的树葬。

归葬　辽代居住在南京的契丹人,元代居住在大都的蒙古人,死后一般归葬本民族原来生活过的草原。元代皇室成员在草原上有专门的陵地,史称"起辇谷"。汉人不能参加蒙古皇帝的送葬仪式,只能由蒙古族官兵护送回草原。

土葬 是汉族传统葬制。考古发现,早在1万年前,生活在北京地区的"东胡林人",即对尸体进行土葬。从房山琉璃河、平谷刘家河等处发掘的商周遗址中,都发现有长方形竖穴土坑墓,死者仰身直肢,头东足西,这说明北京墓葬习俗在商周时期已经形成固定格式。先秦,北京还都是土坑墓,西汉末期,北京开始出现砖室墓。北京地区的唐代墓多为砖室墓,分单室和双室两种形制。单室墓一般有墓门、甬道和墓室;双室墓由墓道、甬道、前室、后室等部分组成。金代中都女真人以土葬为主,信奉佛教的女真人也盛行火葬。金、元之际,北京地区土葬与火葬并存,一直延续到明、清。

火葬 这是北方少数民族很早就有的葬制。辽代佛教盛行,佛教提倡火葬,所以南京的契丹人死后,普遍采用火葬。后来受汉族文化影响,丧葬习俗变化。帝王死后,就有了棺椁陵墓,实行土葬,贵族们也纷纷仿效。而下层人民则无定制,有的有棺,有的仅有尸床,有的仍实行火葬。清朝初年,进入北京的满族人无论贵贱,一律采取火葬。到康、雍、乾时代,由于战事基本停息,国势强盛,受汉族传统葬俗的影响,"慎终追远"的儒家理论被清朝统治者所接受,于是葬制由火葬改为土葬。在北京,金、明、清三代均设陵寝,金代皇帝陵寝在北京西南郊大房山脚下,史载共十七陵。明陵现在成为北京重要的风景区,即十三陵。清朝入关后建的东、西陵虽不在北京辖域，但离北京不远。清朝的京师包括了今北京、天津两市和河北省大部，东陵所在地遵化和西陵所在地易县，当年都在京师辖区内。

丧仪

"劗面哭丧" 是古代北方许多少数民族的送丧习俗。金中都时期女真人有至亲长辈死亡，则用刀割脸，血泪交流，以表示对死者的哀悼与祭奠。

"烧饭"祭奠 是历史上北京所居少数民族丧仪中的重要内容。所谓"烧饭"就是将死者生前所喜爱的东西，包括奴婢、鞍马、衣物以及亲友为祭奠死者所赠的物品、酒食等，一起烧掉，表示送给死者，供其享用。烧饭可以在死者停尸时候，亲友来慰唁时焚烧，还可在墓地焚尸时将随葬品一起焚化。元代，"烧饭"从个体送葬、祭奠仪式上升成宫廷重要的祭祖仪式，朝廷在大都蓬莱坊专门设置了"烧饭园"。每祭，由烧饭师婆（即萨满）"以国语祝祈"，然后焚烧所祭之物，这时烧饭成了元朝国祭。

"烧纸扎" 辽、金、元立国初期，在北京流行"烧饭"丧俗。皇室、贵族将奴婢、牲畜同其他随葬物品一起焚化，说明在这些王朝统治者中还存在着奴隶制遗风。在与汉族融合过程中，这些少数民族认识到人殉和牲殉的残酷，改以纸制品代替。金、元之际，北京地区人死之后，无论贵贱，都购买纸扎的侍从、车马、房屋等仪物火化，称为"烧纸扎"。北京"烧纸扎"习俗，一直延续到明、清和民国。中华人民共和国成立后，在北京郊区一些地方还存在一段时间。

守制　旧时值父母或祖父母之丧，子与承重孙（长房长孙）须谢绝人事，做官的解除职务，在家守孝27个月，叫作守制，意指遵守居丧制度。这是汉族传统丧仪中的重要内容。这一居丧传统延续了几千年，清代从乾隆时期开始，许多满族人和官吏也接受了居丧守孝习俗，直到民国后改变。

清末民初的北京丧仪，择要记述如下。

属纩　纩是丝绵，因质软体轻，稍吹即飘动，旧日验病者是否已死，是葬仪第一道仪式。

开殃榜　人死后请阴阳先生确定入殓、出殡、发引、破土、下葬之日及犯忌之事，并书写在纸上，俗称开殃榜。

报丧　死者亲属（一般是长子）到亲戚家送信称为报丧。报丧时不能直接推门进去，要喊亲友出来，叩头后说明来意方可进屋谈话。报丧时除给亲友叩头外，凡是遇到认识的人也要给对方叩头，俗谚"报丧头满街流"。路途较远者则送报丧帖。报丧者要穿孝衣，来不及制孝衣，要戴顶孝帽或腰间系一根白布带。报丧后，亲友立即前来吊丧，哭于灵前，并根据关系远近穿凶服，名曰"成服"。信佛教的人死后家中人还要请和尚前来念经"转咒"，称"报庙"。

停灵　人死到出殡前，棺木停放家中俗称"停灵"。停灵时间长短不一，没有统一规定，但必须是单数。近年，住城市者多无停灵之俗，死者寄存在医院太平间，与旧之停灵含义相同。出殡前一天，亲属要伴宿，又称"作夜"。此日戚友相继赴奠向死者告别,丧家要大摆酒宴答谢戚友。晚间烧"一楼二库"，又称"金银宝库"。

出殡 死人的棺柩由家宅往墓地下葬俗称"出殡"。大多清晨行之，孝子以新笤帚扫棺上浮土，倾于炕席下，谓之"扫财"，又垫一铜圆于棺之一角，曰"掀棺"，乃行辞灵礼。柩出堂，孝子手执纸幡导于前，诸晚辈随之，均齐声号哭，及外门，上小杠，至大街，上大杠时，孝子跪摔丧盆，即起杠，复号哭如前。戚友之送殡者，男步行在孝子之前，女乘车在柩后，所用仪仗，满汉不同。柩至茔地，下葬奠祭，孝子则跪谢送殡戚友，戚友随即脱孝而归。

旧时出殡伞

撒纸钱 出殡时，棺由家宅到墓地，路经城门、桥头、庙前、大路口都必须撒纸钱，即通向"极乐世界"的买路钱。

暖墓 死者葬后3天，家人前往祭墓,称"暖墓"或"圆坟"。此后，逢三七、五七、七七均往祭墓。守丧期间满人服白衣冠,穿青布鞋；汉人服青灰布衣，青布鞋上蒙白布。守丧有100天的，也有一年的，北京老式守丧时间是27个月。

丧葬改革

北平和平解放后，市人民政府随即进行社会改革，包括改革落后的丧葬制度。1956年以后，火葬成为北京市最重要、最普遍的葬制。几十年来，火化率一直居于全国前列，到1994年，火化率达98%以上，18个区县有15个火化率达100%。

20世纪50年代至70年代，主要依靠八宝山、老山、福田、万安等老公墓的骨灰堂安放骨灰，场地狭小，祭扫不便，且形式单一。此后，北京市先后兴建了近30个公墓以解决骨灰安置问题。同时，大力推行骨灰处理多样化、立体化，推出了骨灰堂、骨灰墙、骨灰廊、骨灰塔、骨灰深葬亭等方式。从20世纪90年代初期开始，北京市一些陵园建设骨灰林试行植树葬，丧家可根据亡者生前的身份、爱好、习俗、信仰选择不同的树种，由园方植树，也可由丧家自己植树，陵园负责管理。草坪葬、植树葬、骨灰墙（廊）代表了绿色殡葬的发展方向。1994年5月，北京市成功组织了首次海撒活动，共有185位亡者的骨灰伴着鲜花与思念，从天津渤海湾撒入浩瀚的大海。到2000年，北京组织了数十次海撒，有数千位亡者的骨灰撒入大海。由厚葬、土葬到薄葬、火葬，从保留骨灰到骨灰撒入大海，标志人们思想观念的更新和社会文明程度的提高。

生育习俗

求子习俗

多子多福是中国人的传统观念,所谓"不孝有三,无后为大",可以说是这种观念最深层的积淀。在北京民间,婚前、婚后求子求孙是人们最大的愿望,并由此衍生出各种求子习俗。

观音求子 观音本为佛国菩萨之首,但送子观音却是地地道道民间创造,在过去北京人信仰生活中占有重要位置。膝下无子无女的北京人,常常到观音庙里虔诚烧香,把求子愿望寄托在观世音身上。对观音的崇拜又衍生出"偷灯""寄名"的习惯。因"灯"与"丁"谐音,于是无子女的妇女常到观音庙偷取佛桌上供奉的莲灯。得子后,又把儿女送到观音庙去"寄名",意在托观音照看,以保一生平安。

娘娘庙拴娃娃 崇奉观音之外,民间更普遍的是崇奉娘娘,即碧霞元君。京人信奉娘娘,求子之人就到娘娘庙去拴娃娃。庙宇内,送子娘娘的神座及身上均堆放着很多泥塑小男娃娃。婚后不育妇女要由婆婆或姑姨等长辈陪同,到送子娘娘神像前烧香磕头、祝祷布施之后,从娘娘庙神座上偷拿一个小泥娃娃,揣在怀中,径奔家中，嘴中默念："黑丫头，胖小子，跟娘回家吃饺子。"到家后，把小泥娃娃藏在卧室里，或者供奉起来。假如凑巧生了个儿子，还要到庙中还愿。还愿时，除磕头、烧香、布施外，还要把自己买来的几个小泥娃娃再偷偷地放在神座上，供后来者拴去。

摸钉 老北京典型的求子习俗。每到元宵之夜，妇女们，尤其是婚后未生育妇女，到前门去摸城门上的铜钉，俗说此举"宜男"，即可生男孩。"钉"谐音"丁"，指男子。其实在北京，京城四处的城门都有人去摸铜钉。清代以前，各城门都有兵卒守卫，所以想摸门钉还得"手携钱贿门军"，才能摸到门钉。

撒床礼 婚礼仪式的"坐帐"时要进行"撒床礼"。全福太太手持喜果，即桂圆、栗子、花生、红枣等，撒向床上，边撒边唱撒帐歌，如"一把花生一把枣，大的跟着小的跑，多子多孙多富贵，吉祥如意白头老""一撒福，二撒寿，三撒三阳开泰，今日洞房花烛夜，明年产生状元郎"。有的要按东、南、西、北、中、上、下、前、后等方位来撒，每撒一个方位都有祝词，雅俗不等，如"撒帐东，花开富贵朵朵红。撒帐南,早生贵子中状元……"祝词唱完，即把帐子拉开，撒帐礼仪即告结束。

子孙饽饽 婚礼仪式中，喝过交杯酒后，新婚夫妇还要吃子孙饺子。子孙饺子由女家送来，满族人称之为"子孙饽饽"。共14枚，放在两个盒子里，以红头绳拴为对子，并附有一个红封，内装"喜钱"，赏给男方厨灶。同时，男家要准备长寿面。两样食品煮得半生不熟后放在洞房的炕桌上。新郎新娘盘腿而坐，娶亲太太将饺子夹起，让夫妇各吃一个，再喂新人一些"长寿面"。

嘴里念叨"多子多孙""儿女满堂""福寿双全""白头偕老"等吉祥话。旁边一男孩会问:"生不生?"新人照例会回答说:"生!"谐生子之意。

养育习俗

催生 热烈的祈盼之中,终于怀孕了。为保证孕妇顺利生产,产前一月,娘家就会把为孩子准备的衣裤鞋袜及小米、红糖、鸡蛋、面条等送到孕妇家里,或者送一个盛有肉饼的升,以祝孕妇顺利生产,俗称"催生"。

吉祥姥姥 "吉祥姥姥",就是接生婆,是一些有生育经验的中老年妇女。在元代,大都城内就有稳婆收生之家,门口用大红纸糊一只簸箕大鞋作为记认。后来,产婆标志又有变化,门上悬小木牌,上书"吉祥洗收"或者"快马轻车"字样,就说明是产婆人家。妇女婚后,姥姥每月或隔月到孕妇家中一次,为孕妇诊脉,讲解孕期保养知识。临产前3～4个星期,女方家人要上门请吉祥姥姥,俗称"认门"。产妇临产时,再把吉祥姥姥请到家接生。孩子出生3日后,还是姥姥主持婴儿洗三仪式。一般来说,产后一星期,姥姥会常住产妇家,护理产妇及婴儿。可见,在老北京人的生育活动中,吉祥姥姥的作用是不可忽视的。

产房 古代曾经有专门的产房,称"产阁""暗房"等。但在北京民间,绝大多数产房就是孕妇妊娠期间的住所,一般不另设产房。按照俗信,孕妇不能在别人家生孩子,也不能在娘家生孩子。即使临产期住娘家，分娩时也必须立刻回到婆家。民间认为，孕妇在娘家分娩会冲撞神灵，招致娘家破落、子女多灾。这种俗信的基础是"分娩不洁"观念，认为分娩不能随心所欲，必须有所避忌，避开神灵。产房要安静、封闭、暖和，严防贼风入内。

挂窗档 孩子产下后，窗外还要挂"诞生标志"。生男挂小弓箭，古时弓箭为男子常佩之物；生女挂红布条。标志还可以防止外人突然闯入，提醒孕妇、戴孝的人自动避讳。

踩生 踩生是预卜婴儿性情的习俗，婴儿出生前即择定一品性善良之人，婴儿出生后，此人会第一个进去看望，人们相信婴儿长大后，其性情会像这个踩生者。踩生后，其他人方可入室探看。

踩奶 旧时北京禁止未曾进过产房的人，在婴儿出生3日内进房，认为这样的人会踩断奶。北京有些地区还不准带钥匙进门，认为钥匙会把奶"踩"走。一旦奶被"踩"走，人们会用各种方法将钥匙借来放在产房内，一个月后再送还，这样被"踩"走的奶又会充足饱满。民间还有"下奶"习俗。产妇分娩的第三天，至亲、好友和邻里前来赠送面条、鸡蛋、猪肉、鸡等，祝愿产妇早下乳汁。

开口奶 婴儿出生后，产妇的第一口奶水要让其他小孩吸吮，称"开口奶"，生男要女孩吃，生女要男孩吃。人们相信这样，下胎会生不同性别的孩子。

送红鸡蛋 孩子降生后，产妇家要到亲戚、朋友、邻家去报告喜讯，俗称"报喜"。北京的习惯是"送红鸡蛋"，将鸡蛋煮熟染成红色送与他人。按"男单女双"的惯例，生男孩送单数，生女孩送双数，并通知孩子洗三的日期。

洗三 是孩子出生后接受的第一项礼仪活动，又名"三朝"，是婴儿出生后第三天举行的洗澡仪式。人们认为，婴儿是从娘胎的血污中出来的，洗三可以洗去婴儿从"前世"带来的污垢，今生才能平安吉利。仪式由吉祥姥姥主持进行。首先用槐树条、艾叶熬好的水给婴儿洗澡，边洗边唱一些吉祥语"长流水，聪明伶俐""一搅两搅连三搅，哥哥领着弟弟跑。先洗头，做王侯，后洗腰，一辈倒比一辈高"。洗完后，用葱在孩子身上轻敲几下，把葱扔于房顶，意谓"绝顶聪明"。将秤砣轻按孩子身体，意味着孩子将来有举足轻重的地位。拿锁头比画几下，祝孩子长大后稳重、谨慎。洗三完毕，产妇家还要大摆筵席，俗称"汤饼筵"。从20世纪40年代开始，老北京的洗三仪式随着现代医学的发展逐渐消亡。

办满月 婴儿出生一个月，举行满月仪式，古称"弥月"，男孩出生30天，女孩出生29天举行。办满月多为头生儿或头一个儿子，讲究的要搭喜棚，下帖请亲友，唱戏等。

百日礼 满月后最重要的礼仪活动要算"百日礼"。明代称"百岁"，清代又称"百禄"。百日礼与满月礼在内容、形式上基本相同，因此老北京人大多只办一次庆典，或办满月或办百日。

抓周礼 周岁时，老北京又有"抓周礼"。抓周不搭棚办酒席，也不下帖请客，一般是亲友们循礼往贺，聚会一番。亲友也不送大礼，只送食品或玩具之类。但参与抓周的长辈们都要用一挂白线，拴上钱币，给小孩套在脖子上，称为"挂线"。抓周仪式一般在中午吃长寿面之前进行，炕前设大案，上面摆放印章、经书、文房四宝、算盘、钱币、账册、首饰、花朵、胭脂、食品、玩具之类，如是女孩还要摆铲子、勺子、剪子、尺子、绣线之类。寻常人家则简化一些，用一铜茶盘，盘中放《三字经》或《千字文》一本、毛笔一支、算盘一个、烧饼油果一套。女孩加放铲子、剪子、尺子各一把。物品摆好后，大人抱来小孩坐在盘前，不做任何诱导，令其自由挑选，视其先抓何物后抓何物，以此测卜其未来志趣、前途和职业。如抓了印章，即认定孩子长大后会官运亨通；抓了文具则长大好学，终能三元及第；抓了算盘则善于理财，必成陶朱事业；抓了炊具或缝纫用具则善料理家务，是个好媳妇。反之，如果抓了食品、玩具，不能当场斥之，只能说将来必有口福，善及时行乐。总之以抓周的形式对孩子寄予厚望。

起名 中国人视名字为一种文化，故而有颇多讲究。旧日人们除有姓名外，还有字、号及小名（乳名）。家族中还有辈分关系（即同辈排行），起名中最忌讳的是晚辈与长辈重名。名字中多使用吉祥、喜庆和兴旺的字眼，有时起名还要查《易经》等书籍或请专门人士代为起名。在古代小孩出生一个月后要择吉日剪发并由父亲起名。男子20岁，女孩15岁，要举行冠礼，由嘉宾起字。有名意味降生，有字意味成人。

普通北京人在起名时颇多随意，尤其小名（乳名）最为有趣，如男孩常用秃子、狗子、顺子、德子、福子等；女孩多用英、兰、珍、敏、琴等。旧京大户人家起名时，往往与天干地支、阴阳八字有关系，如寅、辰等；而小户人家则与生肖有些关系，如牛子、大龙、二虎等。

北京是多民族聚集地区，在起名时各个民族都有本民族的习惯和特点。

北京满族人则在月子里连小名也不给孩子起，认为月子里妖魔常来，会叫唤孩子的名字将其抓走，待满月后起名。起名那天，一般要摆设酒宴，主要命名方法有：以出生时辰命名，以节气命名；女孩以花命名的较多。辛亥革命后，大多数满族人改用汉姓、汉名。

中华人民共和国成立以后，北京人命名常受政治思潮的影响，比如建国、新华、和平、爱国、燕妮、抗美、援朝、跃进、卫东、卫红、党生等。改革开放后，命名追求艺术化、寓意化，比如蕾、颖、倩、茜、珊、萌等雅名得到人们青睐，起单名也呈上升趋势，导致人名大量重复。还有的合父母姓氏为孩子起名，表示夫妻恩爱。简单的命名，往往打上了时代、文化的烙印。

认干亲 即拜义父、义母，俗称认"干爹""干妈"，是老北京流行的一种风俗，多择自亲戚、朋友，认为拜干亲后孩子多些人爱，容易养活，如果命相不好还能借此转移，求得家道昌盛。认干亲要举行仪式，择吉日，带孩子上义父母处磕头，义父母要送礼物给孩子，多为鞋、帽等物。举行仪式时，有的要给孩子改名，姓干爹的姓。认了干亲后，逢年过节干儿女要给义父母送礼，义父母也经常看望并送礼给干儿女。虽然认干亲所结成的亲属关系既无血缘基础，也无婚姻纽带，但少则三五年，多则能保持终生，成为孩子重要的社会关系。

童蒙礼 孩子长大了，要举行童蒙礼，开始读书生活。北京人认为送孩子入学的时间最好在5～6岁，忌讳7～8岁入学。北京儿童开蒙讲究延师就傅，便于孩子读书，同时便于款待老师，这种状况一直延续至清代末年。近代以后，儿童入学有统一规定，无须家庭举行童蒙礼，所以这一礼俗不再流传。但家里仍然要为上学的儿童准备好新衣、新裤、书包、书本文具等，以表父母苦心。

寿诞习俗

长生妄念与养生益寿 早在战国秦汉时期，北京就活跃着大批方士，鼓吹人可以修炼成仙，长生不死。燕地东部濒海，多现幻景，故仙话思想借方士四处流传。统御燕国而称雄诸侯的燕昭王，君临天下的秦始皇，都有长生妄念。辽、金、元、明、清时期，北京有些信奉道教的人，痴迷于该教的神仙方术，其中一个重要表现就是炼长生丹。

与长生妄念不同的是，许多老北京人更注重养生益寿。他们中有的修身养性，宁静淡泊；有的潜心向佛，超然物外；有的清心寡欲，颐养天年。普通老百姓则用直白话说出他们的养生之道："粗茶淡饭，萝卜白菜保平安""气大伤身，常乐是福""饭后百步走，能活九十九"。这些养生法涉及精神、性情、饮食、健身等各个层面，确实是益寿延年的有效方法。

寿辰讲究 按旧俗，50岁以上的人过生日为"做寿"。逢十称大寿，如"50大寿""60大寿""70大寿"等。这种大寿并非真正的逢十整数，而是指49、59、69等逢九岁数。因九在10个数字中数值最大，人们为讨吉利故而形成了"庆九不庆十"的风俗。做大寿前要向至亲好友发请柬。发放的日期一般在寿日前3天，否则为失礼。民谚："三日为请，两日为叫，当天为提来。"亲友接到请柬便准备寿礼届时前往，俗称"拜寿"。

拜寿习俗　拜寿也称"祝寿"。老人做寿时，亲朋好友来祝贺，礼物多为"寿桃"、"寿面"、带寿字的糕点和布匹等。布匹俗称"寿帐"，均挂在院中天棚四周以向客人展示。寿账上都书写吉祥语和被送者、送者姓名。送男子常用"仁者有寿""贵寿无极"，送女子常用"蓬岛春霭""寿域开祥"等。为拜寿而特设的房屋，一般设在堂屋故称"寿堂"。寿堂正面墙上挂着刺绣或绘画的寿星，也有的是寿字的中堂或寿联，两旁配有对联书写"福如东海""寿比南山"等祝词。其他处贴挂些"麻姑献寿""福禄寿"等吉祥画卷。八仙桌上设置香炉、蜡扦、红色寿蜡、"本命延年寿星群"神码儿，以及黄钱、纸元宝、千张，使之下垂供案两旁。条案上摆设寿桃、寿面等寓意长寿的食品和礼品。寿桃即桃形的馒头，顶部涂一个红点以示喜庆，可以自己蒸做，也可在馒头铺定做。寿面即细而长的面条，寓意长寿，故又称"长寿面"，放置在大盘中，盘成塔形，顶部成桃形，上插一个寿星供花，下面罩一个红色剪纸或寿字，显得喜庆。做寿者老北京人俗称"寿星老"，身穿带有福寿图案的袍褂坐在太师椅上接受家人和客人礼拜，平辈以上者拱手，以下者叩头。拜寿的最后一种仪式，是将放在盘中蘸上香油的彩色灯花纸，由做寿者上香点燃，由其子女及前来拜寿的亲朋好友每人托一灯盘，列队至大门外与神码儿、敬神钱等共焚之。

近年,"西风东渐",年轻人生日趋于"西化",喜欢在饭店或酒吧举行"生日派对"(英文聚会的意思)。老北京人多数仍按传统形式过生日或做寿,只是增加了吃蛋糕、吹蜡烛、唱《生日歌》等新内容。

坎儿年 人到老年时寿命上的关口称为"坎儿年"。此关口并非自然所至,而是人的思想认识所为。北京民谚:"33大拐弯,66不死掉块肉,73、84阎王不叫自己去。"又有"人活55,阎王数一数"之说。故33岁、55岁、66岁、73岁、84岁都称为坎儿年。人们认为人到这几个岁数如果度得好便可长寿,否则便可能长眠。人们为了长寿,所以在坎儿年倍加小心,并想办法"破解"。常用的办法是系红腰带,腰带一般由女儿赠送,传说红色可以辟邪消灾。老北京人还有在本命年和60岁以后系红腰带的习俗。

民间礼仪

形体礼仪

坐姿 清代以前,北京人讲究"趺坐",即双足交叠,盘腿而坐,如同佛教中修禅的坐姿。古人称"跏趺坐",京人称"盘腿大坐"。当年人们家中少有座椅、杌凳、沙发,进门就上炕或地上有席子,所以跌坐盛行千余年。古人席地而坐，随意伸开两腿，像个簸箕，称"箕踞"，这是一种不拘礼节、傲慢不逊的坐法。民国之后，除农村地区外，跌坐基本消失。在椅子、凳子或沙发上采取箕踞坐姿的男子，不再受到指责，甚至颇为流行。而女子由于裙服等的限制，一般不箕踞而坐。如果与尊者、老人坐在一起，或者参加正式的会见、宴会、议事等场合，无论是跌坐，还是坐在椅子、沙发上，坐姿要端正，即要"正襟危坐"，这是坐姿中最重要的礼仪。有些人少有"坐相"，坐在椅子或沙发上时，喜欢一条腿压在另一条腿上，有的人还喜欢摇晃腿脚，这种跷着"二郎腿"的坐姿被视为轻浮或不懂礼貌，尤其在长辈面前，北京人对此坐姿十分反感。

旧礼仪中讲"坐相"，即坐时要庄重、规矩，坐姿不佳者被视为没有坐相。老北京人对于坐相十分注意，对正式场合中没有坐相的人是反感的。故而老人喜欢对后辈灌输"站有站相，坐有坐相"的意识，使之从小养成好习惯，尽显文明礼貌、教养和家风。

站姿 北京老人在对晚辈进行礼仪教育时，要求青少年自小养成"坐如钟，站如松"的姿势。站如松亦称立如松，即要求人站立时，要像松树一样正直挺拔，不能东倒西歪，这就是"站相"。老北京人还信奉"立不中门"的古训，要求后辈无论在自家还是到别家串门，不许站在门中间，尤其忌讳踩门槛。

睡姿 北京人按古训讲究睡觉时"寝不尸"，认为躺卧在床时"四仰八叉"不雅。如生病在床需要躺卧时，有外人来探望，要尽可能侧卧，脸向外侧，以表现对客人的礼貌。

走势 北京老礼俗对走势要求亦十分严格,讲究"行不中道",即不要在路当中走。尤其与长辈同行时更应走两旁,让长辈或尊者走在中间,以示尊重。同时,还有"堂上接武、堂下步武"之说,在堂屋中行走要迈小步子,在堂屋外要跨出步伐来。礼俗中的"拾级聚足",则泛指在陪客人上台阶时要随着客人的步伐迈步,不紧不慢,不前不后,"连步以上"。而"离立者,不出中间",则指前边若是两个人并立着,不要从中间穿过去。如今,有关行走的一些老礼,已融入现代生活之中,成为讲文明、懂礼貌的重要元素。

言谈礼仪

文雅 北京人反对讲粗话,厌恶脏话。为此将鸡蛋称为鸡子,炒鸡蛋称之为摊黄菜,因为"蛋"字听起来不雅。在与生人或长者说话时一律称"您"而不称"你";在与陌生人或女性长辈说话时,尽量不说"拉屎""撒尿""放屁"之类不雅字眼。如有求于别人要先道"劳驾",最后还要说"谢谢您哪"。

北京人在日常生活中的许多禁忌,往往与提倡文雅有关。如"死"称为"老了"或"走了",生病称"有疾",棺材称"寿材"等。

和善 北京人说话讲和善,一是指说话时表情、语调和善,平心静气,乃至和颜悦色与人说话;二是说话时措辞亦讲和善,不强词夺理,不说过头话,不得理不让人等。

谦虚 北京人说话时讲谦虚,不自吹自擂,说话注意分寸,既尊重对方又表现出自己的修养。在交谈时要大方，直视对方的眼睛，用心听对方讲话，不能无所用心，不能随意打断对方说话，也不能双目乱看或躲躲闪闪，更不能用"死羊眼"盯瞪人家。在交谈中油腔滑调、语无伦次和夸夸其谈者，讲礼仪的北京人称其"耍贫嘴"；满嘴粗话、脏话、吹牛皮、说大话者，称其为"散德行"。

待客礼仪

接待 北京人接待来客时，一般将室中最好的位置让客人就座。客人落座后要讲一些问候话和客气话，如"别来无恙""近日可好"等。在与客人接触时要和颜悦色、落落大方，给客人留下"宾至如归"的感觉。

敬茶 北京人在给客人沏茶或倒茶时，讲究杯中茶不要太满。在献茶时如果客人是长辈或尊者，要双手捧茶敬上，在客人饮茶时不要等客人杯干碗净时再续水。如果使用茶壶沏水，不可将茶壶嘴对着客人。所敬茶水要现沏的，不可用旧茶应付客人。

在前清一些旗人中，当有客人来访时，主人有些不耐烦，或者客人是自己的下属或有求于自己时，往往在说话后，吩咐下人上茶。当主人端起茶杯（茶碗）时，来访者如果知趣便立即告退，这就是一度盛行于北京而流布四方的"端茶送客"。时过境迁，如今的北京人，早已摒弃了这种不厚道的"待客之道"。

送别 客人告辞时，除了讲一些婉言相留的客气话外，要等客人站起来时再相送，而且对长辈和尊者要全家出动相送。客人走出门外后不能立即关门入室。要目送片刻，直到客人走远之后方能回屋。在分手时双方抱拳高拱，身躯略弯，因有作揖动作，故称为"揖别"。民国之后一度改为相互鞠躬，近年又有揖别出现。

来客如果将远行，彼此长久不得见面，称"阔别"；主人设宴待客，称"饯别"。如果来客是情深义重的朋友，彼此恋恋不舍，称为"惜别"。此外还有"谢别""拜别""留别"等辞别形式，各有其含义，都是送别礼仪的重要内容。

岁时节日民俗

传统节日

春节（农历正月初一） 是中国的农历新年，也是中国民间最隆重的传统节日。老北京春节习俗更富京味儿。从农历前一年腊月初八开始，至这一年正月十五，都可谓春节期间。其中有腊八节、祭灶、除夕、祭祖、祭神、元宵节等活动。

初一（农历正月初一） 亲朋好友开始互相拜年。但仅限于官客（男人），至于堂客（妇女）则必须等到正月初六方可出外拜年。初一时长辈对来拜年的小孩，得把准备好的小红包送给他们，俗称"压岁钱"。老北京还有一习俗，就是当女婿的必须在初一这天提着点心匣子、果篮到岳父母大人家去拜年。

祭财神（农历正月初二） 一般住户常年供奉的财神像或牌位，谓"增福财神"，是头戴乌纱的比干，初二早晨设祭叩拜。京城各大商号则常年供奉"三财"，即首座财神关帝圣君、文财神比干、武财神赵玄坛（赵公明）元帅。清晨设供祭罢还要到广安门外五显财神庙进香。

破五（农历正月初五） 京城旧俗初一到初五，各家不准用生米做饭，不准动刀、剪等，只能热年前做好的饭菜。这一天禁走亲串友，女眷禁出门，忌梳头，忌打骂牛等。妇女这一天还要在太阳出来前包几个饺子，把小人的嘴捏住，俗称"捏破五"。

元宵节（农历正月十五） 又叫"上元节""灯节"。此习俗源于汉代。古汉语中"夜"同"宵"，汉文帝将正月十五这天定为"元宵节"。旧时北京的元宵节热闹异常，俗称"闹元宵"。因为是元宵节，也就有了应节食品元宵。人们将元宵从糕点铺买回家，一家人围坐吃顿煮元宵，取团圆、和睦之意。春节的喜庆活动至此结束。

清明节（农历三月间，公历4月5日前后） 清明节又称寒食节或禁烟节。清明扫墓，谓之对先人的"思时之敬"，其习俗由来已久。旧时，北京人清明扫墓，祭扫仪式并不在清明当天，而是在临近清明的单日举行。据说，只有僧人才在清明当天祭扫坟茔。由于每家经济条件和其他条件所限，祭扫的方式也各有不同。中华人民共和国成立前，通用满族的"烧包袱"。所谓"包袱"是用白纸糊一大口袋，内装用金银箔纸折成的元宝等祭品，算是孝属从阳世寄往阴间的邮包。是日在祠堂或家宅正屋设供案，将"包袱"放于中间，前设水饺、糕点、水果等供品，烧香秉烛，全家顺次行礼后，即可将"包袱"于门外焚化。焚烧时画一大圈，按坟地方向留一缺口。在圈外烧几张纸，谓之"打发外祟"。富裕人家则携家带眷乘车、坐轿去坟茔祭扫。届时将坟墓培些土，在坟头上压些纸钱。祭罢，有的围坐饮酒聚餐，有的放飞风筝，妇女和小孩还要就近折些柳条编成罗圈状，戴在头上，谓之"清明不戴柳，来生变黄狗"。此既是扫墓又是郊游，兴尽方归。

端午节（农历五月初五） 又叫端阳节、重五节、重午节、天中节、天长节。明代又称其为五月节和女儿节，历史上还有过浴兰节、地腊节、午节等名称。端午节与春节、中秋节并称中国三大传统节日。

端午节这天吃粽子，用以纪念古代诗人屈原投江自尽，早已成为海内外炎黄子孙的共同习俗。京城端午除赛龙舟、食粽外，这日还饮雄黄酒，插菖蒲，戴艾虎（用艾蒿做成虎形），以避"五毒"。

中秋节（农历八月十五） 据历法解释，农历八月在秋季当中，而十五又是这月中间的一天，故八月十五被称为中秋。一年分为四季，每个季节又分为孟、仲、季，分别表示每季一、二、三月。农历八月是三秋中的第二月叫仲秋，所以中秋节也称仲秋节，民间又俗称八月节、团圆节、月饼节。旧时北京过中秋节，有4项主要内容：祭月、赏月、团圆、敬老。

祭月 源于古代先民对天体的崇拜，古人对月亮的盈缺抱有很大的神秘感，而月球表面的暗影，又诱发出人们联翩奇想。在漫漫长夜中最明亮的天体自然是月亮，月亮以其光明驱走黑暗，为人们生产、生活、生息、繁衍提供便利，自然而然会受到人们的崇拜和喜爱。民间在中秋之夜，于庭院设供桌，陈月饼、毛豆、鸡冠花、瓜果莲藕于上。因月属阴，北京旧俗"男不拜月，女不祭灶"，故只有妇女拜月，男子多不叩拜。

赏月　隋唐之后盛行。文人墨客争先吟赞月亮。明代，宫中赏月饮酒吃团圆月饼外，还吃螃蟹，嗣后登西苑兔儿山观月。清代每到中秋节除设家宴外，妇女可以"盛装出游，互相往还或随喜尼庵……婆娑月下，谓之走月亮"（《清嘉录》）。

团圆　在华夏族人心目中占据重要位置，其源于古代传统的"天圆地方"自然观。圆就是代表敬天吉祥，代表万事如意，因此"团圆"二字表示全家合聚，顺应天意。团圆习俗也是一种深刻的文化现象，它与古代血缘关系相关。传统的儒家道德为维系家庭、家族稳固，倡导父慈子孝、兄友弟恭、夫唱妇随。自古华夏族人即视"三五明月满"为最大的吉祥如意。农历八月十五这一天，家家祈盼团圆，阖家共聚食月饼，举头望明月，其乐融融。

尊老敬老　是中华民族几千年的传统美德，其源于古代先民对上天星宿的原始崇拜和对长寿的祈盼。历代王朝都将寿星列入国有祀典，在北京地区，凡遇年节、老人寿诞时，或中秋阖家团聚时，后辈均不忘敬老、拜老，给老人送上刻有老寿星一类的礼品，祝老人福如东海，寿比南山。

重阳节（农历九月初九）　重阳节俗称"重九"，又叫"菊节"。旧时京城重阳节活动，有登高、赏菊、饮菊花酒、插茱萸等以畅秋志。明代农历九月九日皇帝亲自到万寿山登高，民间百姓也争相仿效。每逢重阳，人们便带上茶具、酒具到西山或灵显宫、报国寺的高阁上饮宴作乐。清代北城居民多到真觉寺五塔金刚宝座台上登高；南城居民多到左安门法藏寺弥陀塔登高。西便门外天宁寺殿宇虽破，但塔犹存，亦可登高远眺，且可赏菊。此外，阜成门外钓鱼台、城南陶然亭也是人们登高秋游的好去处。京师的重阳花糕是应节美食，极负盛名，人们从市上买来供于佛堂、家祠，或作为礼品馈赠亲友。因"糕"与"高"同意，吃重阳花糕意味"步步高升"。这天凡有出嫁的女儿，父母必迎女来食花糕，谓之"归宁父母"。1987年6月23日，北京市人民代表大会常务委员会通过决议，确定每年农历九月九日为北京市敬老日。1989年国家规定该日为老人节。

腊八节（农历腊月初八） 老北京人将腊八节当作迎春庆典活动的序幕。古代先民在岁末之时猎取野兽祭祀祖先，拜敬百神以祈风调雨顺、五谷丰登，希冀避灾迎祥，天下太平。秦始皇一统天下后制定新历法，将十二月称为"腊月"，举行腊祭那天称"腊日"，并当作节日来过。腊八节这天要喝腊八粥，煮粥布施众人，较流行的说法是纪念佛祖的彻悟和得道，也有"纪念岳飞"之说。从明朝皇帝在腊八日向文武百官赏赐宫内煮的"腊八御粥"，到清朝在雍和宫用大铜锅煮腊八粥，无论是供佛、赐文武百官，还是施舍给百姓，都是为了祈盼上苍保佑，祥瑞盛世，国泰民安。

祭灶（农历腊月二十三） 祭灶是华夏先人的古老习俗，意即纪念发明用火煮熟食物的先祖，后来逐渐演变成祭祀灶神，老北京俗称"灶王爷"。老北京民间祭灶一般选在晚饭后,把炉火烧旺,摆好供桌,上放关东糖、南糖、糖瓜等。设香炉、蜡扦等供器。北京民俗为"男不拜月,女不祭灶",祭灶主祭一般由男性长辈主持。先将小红蜡点燃,蜡扦按顺序压着金纸钱、纸制的金银元宝以示敬灶神。家中男性成员依次上香三叩首后祭祀完毕,将供桌上的供品撤下弄碎取一小块扔向灶内,以粘住灶王爷的嘴,剩余的家人分食。这天夜里街巷胡同鞭炮昼夜不停,老北京俗称过小年。小年一过,老北京街巷胡同中的住户,家家开始"扫尘",又称"扫年"。民谚曰:"腊月二十五,扫房掸尘土;腊月二十七,里外洗一洗;腊月二十八,家什擦一擦;腊月二十九,脏土都搬走。"扫尘表示辞旧迎新,在民间还是一种借"扫尘"以扫除秽气、晦气、穷气的重要举措。

除夕(农历腊月三十,即使腊月是小月,只有29天,也称"大年三十") 这天是北京人年节习俗中最隆重最热闹的一天。家家户户门上都贴着喜庆的春联和威武的门神,屋门窗户上还贴上精心剪刻的剪纸。一些大宅院还挂上喜庆的红灯笼。门口收拾停当后,家家围坐在餐桌前开始吃丰盛的团圆饭。团圆饭后,全家人围坐在火炉旁守岁。进入子时,各家包好的饺子伴随着新年的钟声和鞭炮声开始下锅。在喜庆的爆竹声中又迎来新的一年。

二十四节气中的某些节气,也是老北京人看重的日子,且都有讲究,历代相传,延续至今。如立春要吃春饼卷合子菜,俗称"咬春";立秋要吃味厚的食品,特别是进补肉食,俗谓"贴秋膘";俗谚还有"冬至馄饨夏至面",即什么节令吃什么食物。

少数民族的节日，如古尔邦节、开斋节、藏历新年等虽然只是少数民族过，却受到北京人民的尊重，每当这些节日来临，各界人士会向这些少数民族的兄弟姐妹表达节日的祝福和美好的祝愿。

传统艺术、娱乐游戏民俗

传统艺术包括音乐、舞蹈、戏剧、曲艺乃至绘画、工艺等，其中以戏剧、曲艺的演出习俗和观赏习俗最能代表北京传统艺术民俗。一些口耳相传，而没有书面记载的民间故事、传说、歌谣、俚语、歇后语等不见诸文字的文化形式，地域性强，具有浓郁的生活气息，是典型的"京味"民俗。

娱乐游戏是一种以游戏为目的而又有一定规则的活动，起源于生产实践，后来成为单纯的娱乐活动，可以陶冶性情，调剂精神，从中获得乐趣。北京娱乐游戏项目之多不可胜数，中外娱乐文化在此对接，各民族娱乐文化共同参与，成就了北京娱乐游戏形式多样、内容丰富，这是北京娱乐游戏民俗的最大亮点和最重要特色。

传统艺术民俗

戏剧演出习俗

戏班 旧时剧团的泛称。民国初年，为与"清吟小班"的妓院相区别，由正乐育化会号召，把戏班都改称为"社"。但习惯上还是把剧团统称为"戏班"。正规的戏班，由班主、表演人员、伴奏人员、舞美人员及有关管理人员和后勤人员组成。

班规 旧时戏班中各种规矩的统称。班规内容广泛，涉及戏班各类人员职责及有关制度、纪律，戏班的习俗、义务、道德信誉。班规大致可分台上规矩、后台规矩、行当规矩、经济规矩、戏班习俗和戏班禁忌等6部分。戏班班规来自实践，逐步形成。大多并无成文，但约定俗成。戏班成员都不得违反，否则将遭公议，甚至受到处罚。旧时京剧戏班中有十六班规，条款各班不尽一致，但内容大致相同，包括不坐班邀班，不见班辞班，不结党营私，不吃里爬外，不吃酒行凶，不吵骂伤人，不夜晚串铺，不夜不归宿，不阴人开搅，不临场推诿等。

台上规矩 旧时京剧戏班班规中的一部分，主要内容有不阴人开搅，不砍活，不蹲活，不扒豁子，不笑场，不误场，不冒场，不故意顿足,不临场推诿,不临场告假,不擅离九龙口(鼓师)座位。忌错报家门,忌回顾场面,忌回顾后台,忌洒狗血,忌放火,忌懈场,忌冷场,忌怯场,忌晕场,忌忘词,忌失音,忌失手,忌伤人,忌损物,忌搋头盔,忌落髯,忌掉裤,忌丢物等。

后台规矩 旧时京剧戏班班规中的一部分。其主要内容有不打闹,不大声喧哗,不吃带皮带核的食物,不窥视前台,不鼓掌叫好,不穿戴其他角色衣帽,不擅动箱中各物,不躺卧,不坐箱案,不站闲人,不动戏圭(公布每日戏码的器具,俗称"水牌")戏账,不乱坐,上装后不落座,开戏后不携响器及进后台必须拜祖师、拜神,九龙口座位不能空,丑角首笔勾脸等。

行当规矩 旧时京剧戏班班规中的一部分。其主要内容有各行应演的本工戏,各行应演的互演之戏,各行应扮的兽形、神圣,伴奏、舞台工作人员除本行业务外应负的责任,如打小锣者应在开演前将各种乐器按固定位置放好,演出后箱倌应将各种乐器按固定箱笼装好,容装人员应管理梳头桌用料,盔箱倌应管理彩匣子,旗把箱倌应代购彩砌等。

经济规矩 旧时京剧戏班班规中的一部分。内容包括戏班中各种收支项目及有关规定和戏班人员工资分配方法。戏班主要收支项目及规定有:办账(演出后与戏园分收所得)、收加钱(与戏园分账前先提收之款)、定签(演出前戏园所交定钱)、传差费(为官家传差演出所得)、堂会钱(演堂会戏所得)、行戏钱(演行会戏所得)、跳加官钱(堂会戏中遇来达官贵人临时加演跳加官所得赏钱)、打牙祭钱(票友借台演戏付给陪演人员、场面舞台工作人员及后台服务人员的酬金)。主要支出项目有：戏班人员工资、拆角钱(本班人员不够时，给外借人员的酬金)、学生钱(如约外科班人员或本班人员子弟演娃娃生时所付之酬金)、祭神费、犒箱费、换季费(冬、夏给老郎神换装所需)、彩匣子材料费、梳头桌材料费、置装费、乐器费、广告费。戏班工资分配主要有：包银(按约定的演出日期和工资成总所发之款)、戏份(按日或按场付给演职员的工资)、打厘(定下戏份额后，有时按上座率打折付款称"打厘")、抹份(又称扣分。即将一天戏份全部抹掉，分文不给之意，按规矩演"祭神戏"等均要抹份)、活钱(有时主要演员不拿固定戏份，而按全场演出收入提成。多少按当日演出所得而定，叫"活钱")、脑门钱(主要演员自带的傍角人员工资账目记在主要演员眉额上，付给他们的酬金就叫"脑门钱")、彩钱(旧时凡演带彩之戏，有关人员除原戏份外须另加钱，名为彩钱)等。

戏班禁忌 旧时京剧戏班班规中的一部分。其主要内容有后台不许耍钱(赌博)、下棋，不许扔彩头，不许言"伞"，不许言"梦"，不许擅动各种神脸及神佛所用物件，不许擅动大纛旗，不许拉号。戴脸不准对镜说话，旦角扮装后不许便溺，旦角不能动朱笔及开戏前九龙口不能坐人、旦角不许上舞台等。

义务戏 旧时京剧界的公益活动之一。是为某项政治活动或福利事业，或救济赈灾筹款而进行的一种无报酬的演出。其收入除必要开支外全交梨园公会或有关机构。

搭桌戏 旧时京剧界所演义务戏中的一种。当某一同行有难时，若干演员联合演出，将所得报酬用以救济，意为众人搭桌(出力）资助一人，亦名"窝窝头会"。

堂会戏 个人出资请戏班赴其私宅，或借饭庄、会馆、戏园作专场演出，称"堂会戏"。

行会戏 某一行业出资请戏班赴行会本部或租借戏园等公共场所作专场演出，称行会戏。旧时各行各业大都每年要请戏班唱一次行会戏。演期一般在农历正月至四月。

传差 旧时戏班被传入宫廷为皇家作专场演出称为"传差"。

打炮戏 又称"打泡戏"。旧时，京剧演员每到新地方演出时，头3天总要演出最能展示自己特长的拿手戏，以取得轰动效果，这头3天的演出就叫"打炮戏"，意"一炮打响"。

送客戏 旧时京剧每场演出时间很长，有时达五六个小时，当演到最后一出戏时，一些观众就开始陆续离场，这最后一出戏就被习称为"送客戏"。

外串 演员单独被特邀参加非本人所在班社的演出，即到外班串演。

客串 非专业演员，临时参加演出，称"客串"。其中无报酬演出叫"请客串"，儿童参加客串的叫"小客串"。

反串 演员饰演非本行当应工的角色，称"反串"。

回戏 已定的演出，因故停演，叫"回戏"。

两下锅 在清末民初，京剧曾与河北梆子、山西梆子同台演出，俗称"二黄（京剧）梆子两下锅"，简称"两下锅"，也称"两夹锅"。其演出形式：一种是几出京剧折子戏和几出梆子折子戏同台夹演；一种是一台大本戏一半以京剧演，一半以梆子演；还有一种是在同一出戏时夹有京剧、梆子两种声腔，如《翠屏山》《大保国》《大登殿》等。

风搅雪 京剧和梆子两种声腔对唱，这类京剧、梆子同演一戏的形式叫"风搅雪"，如《武家坡》。

犒箱会 每年农历五月初三，各箱倌要公开烧香祭神，称为"犒箱会"，这也是戏班人员进出变动之日。

封箱 旧时，每年农历腊月中下旬，忙碌了一年的京剧戏班同人，在年终稍事休息前，要将演出用具清理入箱，并贴上"封箱大吉"的封条，这就叫"封箱"。一般要到来年正月初一开台前才能开箱。在"封箱"前的一场演出，也就是当年的最后一场演出，就叫"封箱戏"。各戏班都力求把"封箱戏"搞得精彩、红火，既招徕观众，又图个吉利，因此往往是各主演都演一折拿手戏，最后是合演大反串戏，有时还特邀他班演员助兴外串。

祭神仪式 旧时，凡京剧戏班中所供奉的神都要祭奠，除烧香礼拜外，祭奠各神的时间、规模、内容形式均不一样。祭神中最隆重的是祭老郎神（祖师爷）。每年农历三月十八，戏班全体出动，在唢呐、皮鼓、齐钹等组成的乐队前引下，高抬老郎神像，一路吹吹打打至某公寓或饭庄。众人对神像烧香礼拜，礼毕全班聚餐。餐毕，原班人马仍由乐队吹打前引，将神像迎回原处，祭礼即告完毕。每年农历九月间祭九皇神，届时，不但不聚餐吃喝，众人还要素食数日，习称"吃九皇素"。农历五月二十三日祭武猖神，祭时备有一个装有5只去头活鸡的罐子，放在香案下面，按迷信的说法，兵马大元帅（武猖神）不出头，能保天下太平。

开台仪式 旧时，每年春节，京剧戏班要举行隆重的开台典礼，先启开"封箱"的封条，换贴"开锣大吉""新喜大发"等喜庆语条，然后进行开台首场演出。开台演出先"跳灵官""跳加官"再演正戏。那天所演剧目都是吉庆戏，如《龙凤呈祥》《鸿鸾禧》《百寿图》《喜荣归》《黄金台》《金榜乐》《摇钱树》等。

破台仪式 旧时，为庆新戏台建成或为经常出事故的旧戏台驱邪，都要跳神、跳鬼，这就叫"破台"。"破台"形式各地方、各戏班虽不完全一致，但内容大同小异。"破台"一般在午夜进行，先"跳女加官"，后"跳五鬼"，之后杀鸡滴血，将鸡头连同符纸钉在台中间，再以彩绸裹缠鸡首，最后燃放鞭炮，至此"破台"仪式结束。

九龙口言公 旧时京剧鼓师所坐位置叫"九龙口"，故"九龙口"又被作为鼓师的代称。"九龙口言公"即鼓师言（说、主持）公（公道）。这是旧时京剧戏班班规之一，是解决舞台纠纷的一种方法，因为鼓师必须时刻注意台上发生的一切。当演出出了差错，演员又互相推诿，难分是非时，由最了解情况的鼓师出来讲公道话，主持公道，确是最合适的人选。

生丑言公 即由生、丑行演员来共同言（说、主持）公（公道）。是解决戏班纠纷的方法之一，当戏班成员之间发生矛盾时，冷静、稳重的生行和随和诙谐的丑行一起来评理、说和，既能主持公道，又能缓和气氛，有利于解决矛盾，消除隔阂。

跳灵官 旧时戏班（社）逢农历正月初一，正式演出前要"破台"才能开箱，以驱除妖邪鬼怪，首先是"跳灵官"。"跳灵官"

由5位净行演员应工,头上均戴"扎中盔",身穿软靠,口面(髯口)分别戴红扎、黑扎、黑满、白满,罩以面具(脸子)。在打击乐伴奏下,先上两灵官,"四门斗"。续上两灵官,四人舞蹈后,老灵官右手持金色竹节鞭,左手提着鸡,舞至台口群亮相,老灵官手拧断鸡脖子,"锁儿"就分离了,鸡被掐死,老灵官把鸡血沿舞台周围遍洒,然后把死鸡扔向台中顶上的天井内,5位灵官弃鞭拿棍,各挑一封小鞭炮,由检场人上来点燃。顿时,满台爆竹震响,台下掌声一片,有的往台上扔钱,5位灵官弃棍拿鞭,跑圆场,在"四击头"锣鼓声中,摆出"五梅花"的群体造型,同下。有的班社在除夕封箱时也跳灵官,预示大吉大利。

跳加官 旧时戏班(社)逢农历正月初一,或贵胄巨贾办"堂会",在戏正式开演前先"跳加官"以图喜庆、吉祥或志贺。在"跳加官"之后,上两个童儿,寓意散财童子或喻和、合二仙,以笛子伴奏,二童子打扫台面,亦有拾钱、物的作用。加官一角由老生行应工,头戴相纱面具,挂黑须,穿红蟒,手抱牙笏,在"小锣抽头"伴奏下,加官上场,走加官步,由检场人预备3幅吉祥喜庆的条幅,置于正面后场桌子上。加官先后三闪至桌前拿出条幅,先左后右,再台中分别亮出"吉祥如意""恭喜发财""招财进宝""加官晋爵""富贵有余"等。亮条幅有技术要求,准确、恰当。办"堂会"时的"跳加官",还要根据"堂会"主旨,如办素、办满月、婚庆等不同内容,依据主人喜好,变换条幅内容,如"寿比南山,福如东海""白头偕老""子孙满堂"……以博得主人高兴而获赏赐。有时演出中间,有高官、贵妇进场时,亦要加演"跳加官"。如是贵妇、小姐则跳女加官,头戴凤冠,身穿红蟒,由班社的二旦演员应工。剧目开演前,在"跳加官"后"跳财神",以图喜庆。财神一角由净行应工,头戴二郎叉子,身穿绿蟒,戴面具,"身段"与"跳判官"一样,手捧一个大元宝,先左后右再台中,敲击乐演奏"大锣滚头子",最后前台经理上台,从财神手中接过大元宝,锁进保险柜,"急急风"送下财神,后台得到一批赏钱,正式演出开始。

"玩票"习俗

清嘉(庆)道(光)年间,一些皇亲贵族子弟以演唱"子弟书"为消遣,于是三五同好便自由结合起来,组成票友会,定期聚会演唱,互相观摩,切磋演技,久之形成一种以戏剧自娱的团体,称为"票房"。随着京剧兴起,八旗子弟的兴趣逐渐由子弟书转到京剧上来,票房活动内容变成了以演唱京剧为主。票房承办人称"票首",同好者称"票友"(含"鼓票"和"琴票",即鼓师与琴师),由票首出资或由同好集资,于私宅大院或租赁场地定期活动,并邀请名师传艺,定有规章公约,共同遵守,彩唱或演出时,票友分担角色,或由授艺演员任主角,作为示范。

票房的演唱完全是兴趣爱好,除了设在茶馆里的票房,一般不招待非票友观众。豪门富户有喜庆之事,如不请专业戏班唱堂会,就邀主票友清唱,谓之"清音桌"。起初,参加这种堂会的票友,不要事主酬谢,"茶饭不扰",俗称"玩票"。后来"票友"逐渐接受事主酒席招待。民国后，旗人失掉了"铁杆庄稼"，出于生计上的需要，有的便开始收受报酬。随着京剧的发展，票房日益增多，北京出现了清唱茶楼、茶社，许多机关、团体、学校也建立了票房。20世纪三四十年代，海外侨胞也有成立票房的。

票友多为学有专长，而又对京剧刻苦钻研者，加上名角之悉心传授，所以票房不仅造就出许多名票，下海从艺者也大有人在。票房活动不仅促进了京剧的繁荣，也为戏剧民俗注入了更丰富的内容。

曲艺演出习俗

画锅 旧时曲艺艺人社会地位低下，一些没有固定演出场所的人，只能在街头、村镇、庙会的露天空地上"画锅"卖艺。画锅是艺人的行话，方法是用沙土在空地上撒一个大圆圈，直径1米多，象征一口饭锅，意为靠卖艺换饭来养家糊口。艺人站在中间招徕观众，然后进行各种表演，观众围在圈外看。这种表演方式简便易行，用艺人的话来说："两肩膀扛着一个脑袋，有块地就能演。"但收入却没有保障，"刮风减半，下雨全无"，就是当年这种演出生活的真实写照。

白沙撒字 旧时相声演员在明地画锅演出时招徕观众的一种方法。最早始于清咸丰年间，相声艺人朱绍文（艺名穷不怕）惯用此技法。他随身携带一把笤帚、一副竹板和一个小布口袋，袋内装白沙子。在其使活时，蹲于场内，以地为纸，以沙为墨，右手撒字,左手击打竹板口唱太平歌词。唱词通俗易懂,曲调悠扬悦耳。唱完了,字也撒好了,观众也围满了。相声艺人从"撂地"转入杂耍园子,这个习俗随演出场所的改变消亡。

份金"归堆" 在明地上演出的艺人,如有应邀赴杂耍园子、书馆登场的,所得之份金,须如数持回交到明地上,不得纳入个人腰包,谓之"归堆",然后再与同班艺人分用。此规矩多由在相声场子或时调小曲场子演出的艺人共同遵守。

请支 北京的评书演员直到清末才逐渐从露天地拉场子进入书茶馆。评书演员在书茶馆说书时,每个演员说一部书,每部书说两个月,名为"一转儿"。按两个月一转儿计算,每一个书馆一年需要6个演员轮换演出。所以,每年年初书馆都要请下6个演

20世纪40年代的书茶馆女艺人在演唱京韵大鼓

员说书。请人之前，书馆的主人得找请事家（评书界专门负责邀角的人），由请事家下帖代书馆主人邀请演员，然后在饭庄订上一桌酒席，于聚餐中商谈有关演出事宜，名为请支。席间，书馆主人根据演员要求（因演员要接受几家书馆的邀请，所定时间不能和其他书馆冲突）和演员演出书目内容，制订出全年的演出计划，一般书馆与说书演员挣钱按三七下账，比如挣一块钱，书馆三角，演员七角。每一转儿头天和末天的书钱都归演员，名为头尾不下账。也有与说书人交好者在书钱外另加钱的，例归说书人所有。书馆要想多挣钱就必须请到有叫座能力的好演员，才能上满堂座。而演员也愿意到地势好能上座的书馆说书。请支习俗始于清光绪年间，延续到1958年，改由文艺演出团体统一分配演员。

破台 旧日，有茶馆初创评书业务，必须由请事家找一位说书人来"破台"，这头一个在该书馆登台献艺的人被称作"开荒"。破台时有一套仪式：先在书台上设下神桌，桌上供有周庄王、文昌帝君、柳敬亭的牌位。说书人与书茶馆主人一起行叩拜礼，说书的还要念上一套类似喜歌的"吉利赞儿"，然后将祖师牌位焚化。礼仪之后，书馆主人将一个内装5块或10块大洋（最少也得1块）的结封套放在书桌上，敬送说书先生，名曰"台封"。破台当日挣下的书钱不下账，全部归说书人所有。评书界内旧俗认为开荒破台者必将不利，所以那些具有一定影响的头二路角儿，无论如何也绝不给新书馆破台。只有那说书生意不景气难以糊口的说书人，才来挣那"台封"。

20世纪40年代的艺人在茶楼唱琴书

饮场 旧时杂耍园子的演出,与旧日京剧演出一样,有在演唱中间检场者上台给演员送水喝的习惯,称作"饮场"。此举有两个目的:一是让演员润润喉咙;二是后台若发生了事,如接场演员没有按时进后台等,检场者便可利用这个机会"通知"场上的人员及时采取应变措施。

坐弦 杂耍园子演出时,常有一位三弦乐师待坐在后台,如遇某演员没有弦师或固定的弦师因故未到,便由他临时顶替上场伴奏,此称为"坐弦",亦称"官中弦"。坐弦者须有长期的艺术经历,丰富的实践经验,能掌握诸如京韵大鼓、梅花大鼓、单弦牌子曲、铁片大鼓、西河大鼓等以三弦为主要伴奏乐器的多种北方曲种的伴奏方法,且熟悉众多曲目的唱词、唱腔,方能运用自如、得心应手,不仅起到"救场"的作用,还能保证一定演出质量。此类艺人多以技艺广博著称。

"歇穴"与"换穴" 旧时杂耍园子演出有"歇穴""换穴"之说。歇穴,谓因粉饰园子门面、修理设备而停演。换穴,谓因演出者更换场所而停演。无论歇穴还是换穴,每年均有一定日期,即在农历正月十七、十八,五月初六及八月十六这几日,如期歇换,办理妥当后再开演。

打山阵　上堂会演出是旧社会曲艺艺人的重要经济来源之一。堂会演唱的曲目是堂会主办者和艺人双方经过协商确定的，演出费用是事先定好的，艺人若想增加收入就必须想办法另外多加演一些曲目。堂会上往往宾客很多，人们一边喝酒，一边听曲儿。按规矩谁点唱由谁单掏钱，一般宾客都爱面子，怕被别人瞧不起，再加上乘着酒劲儿，比较兴奋，便都要点上一段。这样，演员就可以多一些收入。艺人管这种方式叫"打山阵"。

拴拢子　拢子是一种放置乐器和道具的容器。为黑漆漆成的高圆笼，两个圆笼一挑，一边圆笼里装乐器，另一边圆笼里装道具。每挑前面的圆笼外边嵌有铜字。有了拢子，就算有了演出单位，到时候就会有人前来邀请。拴拢子分为两种，一种是票房，一种是生意门。票房的拢子上嵌的是4个字，如"群俗访雅""醒世金铎"等。票房的名称俗称"拢蔓儿"，票房拴拢子的主办人称"把儿头"，给票房做实际工作的称为"治事的"。因子弟票友不收钱财，自命清高，为区别于艺人戏班的班儿头，方改称"把儿头"（满语，负责人的意思）。有了"拢蔓（又作万）儿"的票房必须得到其他票房的承认才行，这就要由新成立的票房"把儿头"大摆筵席，请所有票房的票友吃一顿饭，叫作"贺蔓儿"。贺过蔓儿的票房，才能被同行公认。生意门"拴拢子"的情况与票房大致相同，不同的是，生意门的拢子上是3个字，如"宝全堂""凤元堂"，叫作堂号。

替买卖　评书艺人在书馆演出期间，如逢家中有喜丧等大事来不了，便可请同业之人替说一天，谓之"替买卖"。按规矩，替说书者所挣的钱不能自己拿走,要存在柜上,称"把杵头儿(钱)挂起来",仍归原说书人。唯师傅替徒弟说书例外,可以将收入全部带走。

掌着买卖不拿腿 旧时评书艺人在台上说书时,无论亲戚、朋友还是师傅进了书馆,均不用行礼、请安,来者亦不得怪罪,谓之"掌着买卖(说着书)不拿腿(不施礼)"。

龙须凳的讲究 旧时撂地演出的评书露天书场,须在书桌正前方摆设一张大桌,桌上有木质香槽(内插鞭杆香,供听众点烟用)、打书钱的小笸箩等物。桌后数十条大板凳一行行排列;桌前左右各横一条长凳,名"龙须凳"。两条龙须凳看似平常,却有严格的讲究。说书人唯有正支正派者方准许摆设两条龙须凳,否则必须撤去一条。

戒越 旧时杂耍园子的演出,有一条不成文的规定,即同一曲种的两个演员在同一场演出中不唱相同的曲目。由于演员们往往有在两家或三家园子之间赶场的情况,不可能都在开场前到齐,如果先有一个演员登台唱了某曲,后到的演员上场复又唱此曲,便称之为"越"。凡"越"者须罚其上香,或摆宴席致歉。故此,后到的演员往往要在登场之前先向检场的人询问,以免犯"越"。初兴时,一日之中各场演出均不得"越",后来改为一场(日场或夜场)中不得"越"。

鼓姬的"效力" 旧时活跃于坤书馆的女演员称为"鼓姬",若得出师,或有嫁人弃业之举,须事先"效力"演出数日,将所得之资全部献与师傅或收养人,然后方得自由之身。

观赏习俗

底座儿 旧时来书馆听书的人，通称"书座儿"，分偶然一顾和每日必到两种，前者称流水座儿，后者称底座儿。凡底座儿多有各自选下的固定座位，往往离书台较近，有靠头并且得听。每日开书之前书座儿未到之时，即有书馆的伙计将反扣的茶碗提早放在各位底座儿的桌子上，表示此处已有人定下，旁人不便就座。底座儿客人多有自己制作的棉垫存在书馆内，随用随取。至每转儿书末一日，一些底座儿往往于书钱外另赠些许"送行钱"，数目不拘多少，只为联络感情。

同行 评书界有个不成文的规矩，大凡一人其门，学会一两部书，就不得再随便去听别人的书。而一旦走入书馆，则须按场上说书人意愿行事。若说书人把桌上的醒木一拍，再往后一拉，来者便可以留下听书；若说书人拍毕醒木向前一推，来者就得赶紧离开。

同行生意人来到书场，可白听书不付钱，但只能坐在大桌后面的板凳上，绝对不许坐桌前龙须凳。坐在龙须凳上的听客，皆为当地一些有身份的头面人物。说书打钱历来从龙须凳上打起，凡坐在此处的人没有不给钱的，且往往比一般人给得多。

行业习俗

拜师收徒 在旧社会，艺人为了维护自身利益，都严格遵循师承关系。做艺者必须磕头拜师才算有了门户，同行才会予以承认。否则，将会被同行骂为"没爹"（因那时师徒关系是"一朝为师，终身为父"，徒弟对师父负有养老送终的义务），并可禁止其演出。

曲艺各门类拜师情况大致相同。以相声为例，拜师时，必须得有"引""保""代"，即引师（介绍人）、保师（保证人）、代师（代教人）。还要求请"说评书的""变戏法儿的""唱八角鼓的""练把式的"各门来一位师傅，在饭庄订下几桌酒席，并行拜师仪式。届时要立"门生帖"（即字据），艺徒签字画押。引、保、代师签字画押。有的还写有"四路生理，天灾人祸，车轧马踏，投河觅井，悬梁自尽，各听天命，与师无涉。中途辍学，赔偿三年膳费"等词句，然后，烧香供祖，给师父磕头，师父按辈给字，为徒弟起艺名。拜师之后，大家彼此贺喜，然后入席聚餐，后各自散去。

另外徒弟尚分"授业""拜门儿""寄名"等类，授业即"入室弟子"，大多数从幼年学艺，受到较系统的传授。"拜门儿"一般是带艺投师，在原有基础上再受些指点。以上两种都有拜师仪式。寄名则无拜师仪式。只凭一封信或一句话就算某老师的弟子了，故又称"口盟"。再有就是"带拉师弟"，艺人由于年龄或其他原因，不便将投师者收作徒弟，则替师父收为弟子（算作自己的师弟），其仪式与拜师大致相同。

祭祖师爷 旧时曲艺行业以周庄王为祖师爷。杂耍园子里演曲艺，后台都设有周庄王的牌位，有的园子有佛龛、香炉、蜡扦，有的园子只有一个牌位，上写"周庄祖师之神位"。演员在上台之前先要向祖师爷作揖。相传周庄王是农历四月二十八生日，因与药王孙思邈的生日是同一天,故而将祭周庄王改为农历四月十八。

每至春节,曲艺艺人依例要祭祖师爷。农历大年三十晚上,以红纸书写神位,两旁配有对联。神位下摆有香烛及三堂供——蜜供、水果、月饼。弦子、四胡等乐器须贴上"福"字。正月初五将神送走。

口承语言民俗

民间传说

轩辕黄帝传说 黄帝是中原各族的共同祖先。相传炎帝扰乱部落,黄帝在各部落拥戴下,与炎帝大战阪泉之野,各种神灵和猛兽也来助阵,打败炎帝。后蚩尤扰乱,黄帝又率各部落在涿鹿击杀蚩尤。于是黄帝由部落首领被拥戴为各部落联盟领袖。这些传说广泛流传于河北和北京平谷、密云、延庆等燕山地带,至今不衰。在平谷区山东庄村之西的庙山上有汉代轩辕黄帝陵和轩辕庙遗址。

城垣建制传说 传说北京城的选址是明代大将徐达以射箭方式确定的,他一箭射到南苑,又被当地的8家财主射到了后门桥。

刘伯温随后赶到,为惩罚这些财主,让他们出钱修建北京城。可是连西直门一个城楼还没有修完,财主们就全破了产。刘伯温于是下令寻找并逼打沈万三,最后在沈万三跺脚的地方挖出了金银,留下了十窖海(什刹海),北京城也得以建成。

高亮赶水 北京城建起来,龙王不干了,因为这里是他的地盘。龙王一口气把城内井里河里的水都吸干,运走了。没水,百姓怎么生活呢?刘伯温派山东大汉高亮去赶水。高亮出了西直门,不久就赶上了推水的龙王。高亮用长枪扎破了龙王装水的水包,这样北京城里就有了水。可是高亮扎破的却是装苦水的水包,后来北京城里苦水多,据说就是高亮扎错了包的缘故。未扎破的那个呢,后来变成了玉泉山,打那里流出的水甜丝丝的。龙王见水

高梁桥旧址

包被扎破,手一挥,水包里涌出翻滚的大浪,朝高亮冲去,将高亮淹死了。后来,人们为纪念他,修了座桥,称"高亮桥",就是现在的高梁桥。

北新桥的来历　龙王吸走北京城水计策被刘伯温破了,于是顺地下水道进了城,在东城找到一个海眼就往上涌,非要水淹北京城不可。刘伯温又找来沈万三,沈万三从脖子上取下讨饭用的破瓦盆,扣在海眼上。龙王没了办法,终于认了输,求刘伯温让他出来。刘伯温回答说,什么时候海眼旁边的一座桥旧了,龙王就可出头了。龙王一听有门,于是不再言语了。可聪明的刘伯温却给这座桥取名为"北新桥",意思是说桥永远旧不了,龙王便永世不得出头。

卢沟晓月碑　乾隆皇帝听说大年三十晚上在卢沟桥能看见月亮,于是带着官员们直奔石桥而来。可是看来看去,什么也看不见,于是责备宛平县令。县令说只有命大之人才能看见。乾隆闻言心想,我是一朝之主,如果看不见月亮,还不让百官耻笑?于是煞有介事地说自己看见了月亮。百官稍稍一愣,谀辞顿作。乾隆一高兴,挥笔写下"卢沟晓月"4个字,并刻成了碑。

储秀宫的仙鹤　乾隆下江南后,紫禁城储秀宫前有只铜仙鹤,为讨乾隆的好,也偷偷飞到江南。当时,乾隆正在狩猎,见迎面来只大鸟,于是张弓搭箭,射在仙鹤的左腿上。仙鹤连忙叩头,乾隆一见,不由大为生气,将仙鹤臭骂一顿。仙鹤只好灰溜溜地飞回了北京。到了皇宫,仙鹤就又立在储秀宫门前,可是左腿上老是带着这么一块伤。谁看见,都说它是献媚不成,自讨没趣。

直到今天，那块箭伤还带着呢！

鲁班的传说 北京许多著名景点的修造往往与中国历史上著名的匠人鲁班联系在一起，如正阳门的传说、颐和园大戏台、故宫的角楼、居庸关鲁班建塔、鲁班和通惠河、东直门样楼、鲁班点化修牌坊、鲁班锯白塔等。在北京人心目中，北京那么精美奇巧的建筑，没有鲁班之巧是不可能建造出来的，而鲁班之巧也非得在这些建筑中表现不可。所以，凡是有名的建筑往往都与他联系起来。比如故宫角楼，其造型优美，玲珑俏丽，而且结构复杂，由成千上万个构件组成，不用铁钉，卯榫相连，严丝合缝，即使在有优秀传统的中国建筑史上，也属不可多得的杰作。如此巧夺天工的作品，在人们看来，实在不是人间之物，于是，只好说它是鲁班爷显圣建造的。而鲁班给人的帮助总是采取奇幻的方式，多在人们危难之时，暗中点化，不留姓名，比如他到工地卖极似角楼的蝈蝈笼子、卖极似戏台的烧饼等，以此来启发施工的工匠。

刘罗锅弹劾乾隆 只知弄权和贪赃的和珅总想找机会把为官清正的刘墉除掉。这天，和珅当着所有大臣的面激刘墉，问他是否敢参奏当今皇上，输者向对方磕头拜师。和珅很清楚，按当朝法律，参奏皇帝是要治罪杀头的。但刘墉没怕，大摇大摆直奔太和殿，质问乾隆为何下旨将明陵中的金丝楠木运进圆明园，这与大清律例中规定的要处死刑的偷坟掘墓有何区别？乾隆答不上话来，只好以去江南打围算作充军流放一次。然后反问刘墉，参倒皇上该当何罪？早有准备的刘墉摘下翎顶，以示丢官罢职。和珅听说此事，只好跪下磕头叫师父，此后就有了和珅是刘墉徒弟的说法。丢官后的刘墉向乾隆辞行,乾隆满心懊悔,说:"刘墉啊刘墉,凭你的地位,如果不是参到寡人头上,你不就是铁帽子刘墉了吗?"刘墉一听,忙从龙案上取下翎顶戴上,跪下谢恩。乾隆大感奇怪,刘墉说:"陛下不是封臣为铁帽子刘墉吗?"乾隆这才醒过闷来。

智修西洋楼 乾隆要在圆明园修造西洋楼,可财力不支,只好找刘墉想办法。刘墉眉头一皱,计上心来,当天晚上派人从前门外雇来18匹骆驼,用36条麻袋装满碎砖头乱瓦块上了通往卢沟桥的大道。这一幕自然被隔壁住着的和珅看在眼里。第二天早朝时,刘墉给乾隆出主意,让他向文武百官借10万金银修建西洋楼。和珅奏说刘墉有欺君之罪,说他早将家财偷运故里,然后又出借钱的主意,并说如无此事,个人情愿拿出10万金银。其结果,和珅不得不乖乖拿出了10万金银。

穆桂英与点将台 相传在蓟门关(今居庸关)隘口处有一座点将台,是当年穆桂英挂帅、大破辽兵的地方。穆桂英经过一场激战,忽然腹中一阵剧痛,产下一子,就是杨文广。穆桂英将婴儿交给侍女,又披挂起来,昂首站在点将台上。辽军听说穆桂英阵前产子,认为她无力再战,又卷土重来。辽军主帅见穆桂英气定神闲地站在点将台上,杨家军严阵以待,以为探马所报是虚,赶快下令退兵,逃出蓟门关。

穆桂英与望儿坨 在妙峰山脚下,当年穆桂英曾在这里率领杨家军大败辽兵。岂料激战动了胎气,她降下麟儿。作为三军主帅,穆桂英产后不能休息,又披挂来到阵前。她只能站在高阜处,远远地瞭望小娇儿。当地百姓就把她望儿的地方称为"望儿坨"。

这些传说寄托了北京人对抗敌御侮的杨家将,特别是巾帼英雄穆桂英的崇敬和爱戴。

祭灶的传说 古时候,北方有座盘古山。山上有座庙,庙里住着个老道。山下有个村子,村里住着的张家两兄弟都是有名的手艺人,也是有名的好心人。哥哥是泥水匠,弟弟是画匠。哥哥是个机灵人,盘的锅台又好烧又省柴,千家叫,万家请,家家户户的锅台都是他盘的。他盘锅台出了名,所以大家都称他张灶王。弟弟是个手巧人,塑的泥神活灵活现,画龙能游,画鸟能飞。山上的老道有本万年历,弟弟每年上山塑神,老道总要把当年的历头抄一份给他。弟弟心眼好,他把历头印上几百张,给他哥哥,叫他哥哥走村串户盘锅台时送给各家各户。张灶王人缘好,不管到谁家,都是和和气气,一边干活一边拉家常,碰见南庄恶婆婆,就说北村贤惠婆婆的故事;碰上东庄的恶媳妇,就讲西村孝顺媳妇的故事。两家吵了架,经他一解劝,就和好了。大家都尊敬他,他好吃"火烧",不管到谁家,总要给他烙"火烧"吃。他活了80岁,那年腊月二十三寿终了。人们很想念他,最想念他的还是他弟弟。哥哥在世的时候,地里的庄稼活儿、家里的柴米油盐,有哥哥操心,弟弟可省心了。灶王一死,弟弟得当家理事了。可是,没当过家的人理事无方,瞎叨叨,儿子、媳妇都不听。儿子们打,媳妇们吵,闹得家不成家。大儿媳妇偷偷烙了个小油旋,二儿媳妇悄悄打碗鸡蛋,都成了吃嘴精。弟弟无法,更想念哥哥,他想啊想啊,终于想出了一条妙计。那年腊月二十三了,他摊开纸画了起来。先画上哥哥,又把已死的嫂子也画上。上面画着两条龙抬着历头，下面又画上 12 个童子。画好后，悄悄地挂在厨房后墙上。过了一更天，他把睡了的儿子、媳妇喊起来，领到厨房里，点上蜡烛，去看后墙上的影像。这一来把儿子和媳妇们吓了个半死，两条龙活灵活现，张灶王两口子满面红光。弟弟说："我做了个梦，梦见你大伯、大娘成了仙，回来看看，见这个家闹得不成样子。他去见玉帝，玉帝封了他灶王神，给他 12 方官掌管历头，又给他两条龙，叫他到下界坐在厨房里看着各家各户，男的偷懒，不按历头耕田，女的吃嘴，抛米撒面，骂公骂婆，啥事他都管。年年二十三上天去 7 天，向玉帝禀告各家的事。是长疮，是害病，谁该怎么报应，玉帝点了头，大年初一回来就要办。"画匠一说，吓得儿子、媳妇忙跪下磕头求饶。这时，画匠搬来供桌，哥哥爱吃火烧，放上火烧，嫂子爱吃糖，放上糖。然后，替儿子、媳妇求情说："哥呀哥，亲不亲，一家人，不要怪罪他们，以后他们学好就是了。你要上天言好事，好话多说，坏话不提。你要下界保平安，照应咱家，安宁无事。从今天起，你是一家之主了，都听你的。"画匠说罢，又写上一副对联，上联是"上天言好事"，下联是"下界保平安"，横批是"一家之主"。第二天，媳妇们就把这事传出去了。各家各户都想念着张灶王，都想把张灶王请去当一家之主，关照他们的日子。人们都上门来，求画匠把灶王神的画像给画一张。于是，以后家家都把灶王爷的画像、对联贴在伙房里炉灶上。每年腊月二十三，家家祭灶，放上糖瓜、关东糖等，为的是给灶王嘴上抹蜜，上天多说好话，少说坏话。待香烬后，将灶神焚化，即升天了。

年的传说　相传古时候,有一头长着血盆大口、凶残无比的怪兽,名字叫"年"。它专吃人,一吃就是几十个,每隔一段时间就来人间一次,祸害百姓,闹得人心惶惶,不得安宁。有一次年又到了人间,正是腊月三十夜晚,人们正在燃烧竹子,取暖做饭。竹子燃烧后,火光熊熊,并不断发出噼噼啪啪的响声,"年"看到火红的亮光,听到响彻云霄的噼啪声,吓得扭头逃跑了。从此,人们明白了,年怕火光,怕红色,怕响声。于是每到腊月三十这天,家家户户燃烧竹子,敲起鼓,挂起红灯笼,果然年不敢来了。人们便把这天夜里叫作"过年",意即"年"过去了。天亮以后,人们互相祝贺,形成了拜年风俗。而燃竹子的习惯以后被鞭炮取代了,但仍叫作"爆竹"。敲年鼓、挂灯笼,天亮后互相祝贺(拜年)的习俗,一直延续至今。

时政歌谣与儿歌

时政歌与儿歌　时政歌是历代北京人有感于政治状况而创作的歌谣。明武宗即位后,宦官马永成、魏彬、谷大用、张永等人结党营私,北京人就用民谣的方式来咒骂他们,说"马(马永成)倒不用喂(魏彬),鼓(谷大用)破不用张(张永)",表明北京人对宦官专权的愤恨。明世宗在位时,严嵩父子专权,有民谣说"可笑严介溪(指严嵩),金银如山积","常将冷眼观螃蟹,看你横行到几时"。

民国时期,北京有民谣:"钟楼高,鼓楼矮,假充万岁袁世凯。

铜子改老钱，铁杆打老袁，要过太平日，还得两三年。"说明袁世凯窃国，民不聊生，老百姓盼他倒台。还有民谣说："无会不烟酒，有官皆安福。"讽刺段祺瑞执政时安福系官僚的养尊处优。

日本投降以后，国民党接收大员巧取豪夺，北平有民谣："劫收大员吹拍骗，带着粑子把事干，七姑八姨一大串，工厂弄得稀破烂。"此外还有"盼中央，望中央，中央来了更遭殃""想老蒋，盼老蒋，老蒋来了米面涨"等。

北京儿歌也是北京民间歌谣中的一个重要部分。北京儿歌多伴随相应的游戏，具有亲切随意的特点。如玩"拉大锯"游戏时，唱："拉大锯，扯大锯，姥姥家，唱大戏。接闺女，请女婿，小外孙子也要去。今儿搭棚，明儿挂彩，羊肉包子往上摆。不吃不吃吃二百，二百不够，加一百六。"

北京儿歌还带有明显的教育意义。如："小花猫，上学校，老师讲课它睡觉。这耳朵听，那耳朵冒，你说可笑不可笑。"善意地讽刺了那些上课不注意听讲的孩子，形象而又生动。

岁时节令歌谣　　老北京人的生活习俗中，最丰富的是岁时节令风俗。伴随这些民俗活动产生了相应的歌谣，它把一年中的民俗事项总结出来，又指导着人们的民俗活动。下面仅举数例：

十二月谣　"正月正，大街小巷挂红灯。二月二，家家摆渡接女儿。三月三，蟠桃宫里去游玩。四月四，男女老幼逛塔寺。五月五，白糖粽子送姑母。六月六，阴天下雨煮白肉。七月七，坐在院中看织女。八月八，穿上白鞋走白塔。九月九，大家喝杯重阳酒。十月十，穷人着急没饭吃。冬月冬，北海公园去溜冰。

腊月腊，买猪买羊过年啦。"

过年谣 "孩子孩子你别馋，过了腊八就是年。腊八粥，喝几天，哩哩啦啦二十三。二十三，糖瓜粘。二十四，扫房子。二十五，炸豆腐。二十六，炖猪肉。二十七，宰公鸡。二十八，把面发。二十九，蒸馒头。三十晚上熬一宿，大年初一拜亲友。"

祭灶歌 "祭灶祭灶，新年来到。老头子过来要毡帽，老婆子过来要裹脚，小淘气儿过来要花炮。"

拜年谣 "一入新年，小孩拜年，跪下磕头，起来要钱。要钱没有，转脸儿就走。"

三伏歌 "头伏饺子，二伏面，三伏烙饼摊鸡蛋。"

中秋谣 "紫不紫，大海茄，八月里供兔儿爷。自来白，自来红，月光码儿供当中。毛豆儿枝乱哄哄，鸡冠子花儿红里个红，圆月儿的西瓜皮儿青。月亮爷爷吃得哈哈笑，今夜的月光分外明。"

伦常歌谣

状元婿 "状元头戴是乌纱，只顾朝廷不顾家。妾身爱嫁农夫婿，日来耕种夜回家。"

小白菜儿 "小白菜儿地里黄，七岁八岁离了娘。好好跟着爹爹过，又怕爹爹娶后娘。娶了后娘三年整，养个弟弟比我强。他吃肉我喝汤，哭哭啼啼想亲娘。"

山老鸦 "山老鸦，尾巴长，娶了媳妇不要娘，把娘背到野山坡，把媳妇背进热被窝。"

小麻雀　"小麻雀,尾巴长,娶了媳妇忘了娘。烙麦饼,卷砂糖,媳妇媳妇你尝尝。"

行业民谣

盖房喜歌　老北京人视盖房为大事、喜事,因此开工、上梁、封顶、落成都有仪式,也有相应的盖房喜歌。如:"一进门来观四方,四梁八柱照中央,这柱是好柱,这梁是好梁。……正念喜,抬头看,来了福禄寿三仙。增福仙,增寿仙,还有刘海撒金钱。金钱撒在宝宅内,富贵荣华万万年。"又如:"打竹板,进村庄,一看高楼大瓦房。走马门楼檀木檩,花木椽子鹰落墙。影壁前头爬山虎,影壁后头金鱼缸。再往里头梧桐树,梧桐树上落凤凰。凤凰不落无福地,辈辈皆出状元郎。"再如:"掌柜的门楼修得好,房上长着灵芝草,院里拴着金马驹,柜上摆着大元宝。"

花子歌　从前沿街讨饭的乞丐,俗称"叫花子"。其中很多人是打着竹板或两手敲着羊骨头,唱着快板、歌谣、莲花落行乞的。这些歌谣合辙押韵,朗朗上口,幽默风趣,非常好听,百姓称之为"花子歌"。这种现象成了旧京街市一景,也是丐帮中的一种行业习俗。如"贺喜歌"唱道:"打竹板笑呵呵,站在门前唱喜歌。帮忙的亲朋真叫多,门前停着迎亲的车。门上贴着大喜字,笔走龙蛇写得活。天配良缘结夫妻,真好像牛郎织女渡银河。郎才女貌成配偶,长年百岁福寿多。今天傻子来贺喜,老财主一定管吃喝。"又如"讨饭歌"唱道:"天下一百二十行,行行顶数讨饭强。

冬天烤大火，夏天乘荫凉。吃的百家饭，看的万户房。乱军来了他不藏，不纳税来不交粮。"

方言俚语

北京方言最基本特点是它在语音上的变化，一是轻声，二是儿化音。北京话的声调只有4个，但说起来却并不单调，反而抑扬顿挫，优美动听，其原因就在于轻声和儿化音发达，使语音增加了不少变化，也增加了造词手段。比如"小姑子"中"姑子"轻声，则指夫之妹，而不轻声则表示小尼姑；"大爷"中的"爷"轻声，指伯父，而不轻声则指大老爷，含一定程度的贬义；"大气"中的"气"轻声，指大方之意，不轻声则是指空气的"大气"；"打点"中的"点"轻声，指打发、收拾，不同于不轻声的钟表打响报时。儿化音在北京话运用中更为常见，比如"老妈"指年事已高的母亲，而"老妈儿"则指的是仆人。同样是称呼人，有些就加儿化音，如"小丫头儿""小小子儿""老爷们儿""老头儿""老家儿"（指父母），而有些则不加儿化音，如"老太太""大奶奶""大姨"等。有些儿化音加在词语中间，如"人头儿次"（指人品差）、"手头儿黑"（指吝啬）、"笔杆儿硬"（指文笔好）等。北京方言中儿化音极其丰富，用处也极广，这是北京话的最大特点。

北京方言所使用的词汇在形成过程中，融入了少数民族语言成分，尤以满语为多，还有回语、蒙古语等。如称公主、小姐为"格格"，称"向右转"或"偏右"为"倭呵"（赶大车的用语），称粗心大意为"喇忽",称面食点心为"饽饽",称搅拌为"和弄",称肉、油等变味为"哈喇",称扫为"划拉",称风声为"忽喇"等,就都出自满语。

还有因满人习俗而形成的满式汉语词,如剃头、抓辫子、捅娄子、旗袍、下嫁、收养等,就是如此。此外,称乳制糖卷儿为"乌他"来自蒙古语,"猫儿腻"可能来自回语。少数民族的有些词语一直流传到现在,如指一种点心的"萨其马",指隐私的"猫儿腻"等,北京人现在仍在使用。

北京方言词汇的形成与北京人的生活有着密切关系,比如北京方言中就有很多行业用语,如"戗行市",指同行业间的生意竞争,"道字号"指打架时自表身份,"做倒了行市"指失去了应有的尊严,"赔本儿赚吆喝"指白费劲,"过五"指超期,源于当铺用语;来自赌博的词汇有指将老本输光的"干锅儿",喻出坏点子的"出幺蛾子"等;来自赶大车用语的有"拉帮套",指补贴有丈夫的姘妇的家用;"蹿辕子",形容人生气发急;"车轱辘话",指来来回回地说;"支着儿"源于打牌下棋的用语。

北京方言也是不断发展变化的,清末称护肤用的油为"沤子",中华人民共和国成立后,因市场上最大众的护肤油是蛤蜊油,因此改称"蛤蜊油"。后来,因护肤品越来越多,方言中又有了"搽手油"和"搽脸油"的区分,到现在,则早被各种高级化妆品用语所取代。还有肥皂,旧称"胰子",源于早年的"猪胰子",用猪的胰脏和碱制成,有所谓"香胰子""洗衣服胰子""药胰子""胰子盒儿"之类的词汇。后来因肥皂品种增加,就改称"肥皂""香皂""药皂"了。对火柴，北京人早年称"取灯儿"，北京还有"取灯胡同"。西方火柴传入北京后，称"洋取灯儿"，或称"洋火"，到现在，则一律改称"火柴"了。

20世纪80年代以来，北京民间俚语和新的流行语猛增，比如"混""大款儿""款爷""款奶奶""大腕儿""下海""练摊儿""玩儿票""老外""老帽儿""套磁""傍家儿""小蜜""打的""的哥""的姐""歇菜"等，诸多流行语是北京社会生活的一面镜子，反映着社会生活的各个侧面，也折射着北京的民俗文化和社会心理。

歇后语

是由假托语和目的语组成的民间谚语，往往具有幽默、讽刺的意味。

北京的歇后语许多与北京的风景名胜密切相关，如"天安门的狮子——对摆着""太和殿的匾——无依无靠""卢沟桥的狮子——没法儿数""香山的卧佛——大手大脚""前门楼子搭脚手——好大的架子""皇上家的祠堂——太妙（庙）"等。

与北京历史上的人物、事件相关的歇后语，如"崇祯上吊——走投无路""西太后听政——专出鬼点子""袁世凯当皇帝——好景不长""门头沟的财主——摇（窑）头儿"等。

与北京著名店铺相关的歇后语，如"六必居的抹布——甜酸苦辣全尝过""砂锅居的买卖——过午不候""王致和的臭豆腐——闻着臭吃着香"等。

与北京商业贸易及市场相关的歇后语，如"吹糖人的出身——好大的口气""杠铺掌柜的——杠头""挑水的回头——过景（井）了""荷叶包钉子——个个想出头""唱戏的骑马——走人""天桥的把式——光说不练""端午节的黄花鱼——正在盛市上"等。

与北京人的生活相关的歇后语，如"茶壶里煮饺子——有货倒不出来""叫花子送幛子——穷凑份""买鼻烟不闻——装着玩""烟袋里灌水——两头满意（溢）""绱鞋不用锥子——真（针）棒""窝头翻了个——显（现）了大眼""光屁股推碾子——转圈现眼""艾窝窝打钱眼——蔫有准儿""小胡同赶猪——直来直去""马尾巴串豆腐——提不起来""小铺的蒜——零揪儿""七月十五吃月饼——赶先儿""八月的石榴——笑咧了嘴"等。

娱乐游戏民俗

成人娱乐游戏

击球 隋唐五代时期，源自西蕃（今西藏）的球戏在中原已十分普遍，因农耕民族多步行，所以称击球为"蹴鞠"，以足踏为主；而北方游牧民族多骑射，球戏因此被称为"马上波罗球戏"，乃骑马追逐，以杆杖击球。当时的幽州，正是汉、胡各族聚居之地，又是边防重镇,驻扎有大量军队,因此,波罗球戏在幽州十分盛行。据记载,当时幽州节度使的府衙后面就专设有球场,一方面是为操练军队,另一方面就作为赛球场所。赛球时就成了单纯的娱乐游戏了。

射柳 辽、金、元,直至清代的北京,常常在端午节举行"射柳"活动。射柳源于辽代以求雨为目的的"瑟瑟仪"。明代,射柳之习在北京盛行不衰,但形式变化极大。《识小编》记载说:"永乐中,禁中有剪柳之戏,即射柳也。元人以鹁鸽贮葫芦中,悬之柳上,弯弓射之,矢中葫芦,鸽飞出,以飞高下为胜负。"这里已经不是射柳,而是射挂于柳枝之上的葫芦,可看成射柳形式上的发展,这一发展最终成为清代满人"射鹄子"习俗的来源。《天咫偶闻》记载说:"国家创业,以弧矢威天下,故八旗以骑射为本务,而士夫家居,亦以射为娱。家有射圃,良朋三五,约期为会,其射之法不一,曰'射鹄子'。高悬栖皮,送以响箭。"射柳演变成射鹄子,不仅失去了射柳的原初意义,而且连形式上的"柳"也不存在了。射柳已由神圣的公共事业(由皇家代表人民的利益而举行)世俗化为娱乐性游戏,成为人们演练射艺、展示射技、争强斗胜的竞技方式。

围猎 是蒙古人每年都要举行的大型活动,这种看似以猎取野兽为主的活动,更重要的目的在于精习骑射,锻炼意志。忽必烈即位后,围场随之南移,春季多在大都南郊围猎,天子常常亲幸近郊,纵鹰隼搏击,以为游乐,谓之"飞放"。为此,元廷还特别规定,大都方圆八百里内禁止百姓打猎。围猎时,先由鹰房打捕户将藏于林中的野兽赶入事先准备好的围场，随即由皇帝、宗王、贵族、大臣们先后射猎，再由怯薛军、猎户等射猎捕捉，剩余的野兽入归山林，以等来年再捕。

角力 又称"角抵""厮搏"，即相扑，类似于后来的摔跤，据传始于战国，辽代以前，北京从事角力的艺人很多。契丹建国后，角力成为朝廷举行盛大庆典、接待外国使臣时的专门项目之一。金代，角力也深为皇帝们所喜爱。元朝定鼎大都后，常在大都举行角力比赛，杰出的角力士还能得到丰厚的奖赏。元仁宗时，甚至设立了专门掌管角力士的政府机构，即勇校署，专门供养着百数十人的角力士，以供皇家取乐。满人也嗜好角力。

围棋 古称"弈"，传说是原始社会首领尧为了教儿子丹朱而发明的。春秋战国时期，围棋在中原就已流行，成为常见的娱乐活动。契丹人以南京为陪都后，接受中原文化，围棋在南京盛行。金代，中都人对围棋更加热衷。元人认为围棋是消遣的最佳工具，受到社会各阶层普遍欢迎。

象棋 是中国传统棋种，现代象棋在南宋时基本定型。金代北京象棋盛行，直至现在，仍然是北京人热爱的智力游戏。马路边下象棋成北京一景。

滑冰 满族人在东北时就喜爱滑冰，入关后，每年农历十月要在北海冰面上检阅八旗士兵的滑冰技术，参加人数达1600名，这种盛大的滑冰会在当时举世无双。冰嬉竞赛有"抢等""抢球""转龙射球"等项目，还有花样滑冰，有"探海""大蝎子""金鸡独立"等名目，还有"双飞舞"。所用冰刀有双刀和单刀两种。还有冰上足球竞赛，称"蹴冰球"，球以熊皮和猪皮制作。民间，冰嬉也为北京人所喜爱，一直流传到现代。

抖空竹 是以两根尺余长的小木棍，当中以细绳相连，通过

民国时期新春厂甸空竹摊

两手抖动木棍，使空竹在细绳上旋转，并且发出高低不同的声音。有单轮儿、双轮儿，还有双层轮、三层轮之分。现在，抖空竹的高难动作已成为杂技团的杂技表演节目。

风筝 清代北京，不论满汉，不论老幼，都喜放风筝，从腊月开始直至清明。夕阳将下之时，天空中满眼都是风筝，内城尤其多，而宫中也有多人放风筝。

踢毽子 是旧京非常普通而又普遍的游戏。毽子制作简便，人人可玩。技艺高的人常在民众中表演，

哈式风筝图样

基本动作为盘、磕、拐、蹦，能用里脚面和外脚面踢，能在跑动中踢，还能以膝盖、腹部、头部弹顶。一些身怀绝技的艺人，"顶、额、口、鼻、肩、腹、胸皆可代足。一人能应数敌；自弄则毽子终日不坠"。表演的花样有拖枪、耸膝、凸肚、佛顶珠等。踢毽子作为一种传统健身游戏，流传至今，20世纪80年代以后，在公园和街头空地也常有爱好者聚集踢毽健身，交流技艺。

养鸟 老北京人养鸟蔚然成风，每入冬令，提笼架鸟成北京街市一景。爱鸟人饲养的鸟儿和飞禽有十几种，如画眉、百灵、黄雀、玉鸟、鹦鹉、八哥、相思鸟、文鸟、鸽子等。仅鹦鹉按体形就分为大、中、小3类，而鸣叫最婉转动听的当属黄鸟，也叫黄莺。虽然体形较小，但叫起来清脆悦耳，还能模仿山喜鹊、红子、蛐蛐的叫声。因它比较容易喂养，所以在四合院里养的人较多。八哥以学舌见长，深受人们喜爱。四合院里的人养鸟儿，图的就是一乐。每天一大早，人还没起床，那

旧时养鸟人

鸟就先叫早儿了，一声声清脆的叫声，使院里充满了生机，于是养鸟人起来的第一件事儿就是遛鸟。遛鸟不单独是给鸟儿"放风"，主要在驯鸟儿，教给它一些小技艺，以做观赏、娱乐。养鸟人特别注重对鸟笼子的选择，如水磨细竹笼、紫漆笼、柳条笼，有的

两手各提一只，有的两手各提两只，或上下轻悠，或左右慢摆，自得悠闲。遛鸟人还经常聚在一起比比"放份儿"：就是比谁的鸟儿漂亮、鸟儿笼子独具匠心、鸟叫声音好听、玩儿花活多。

四合院里饲养比较多的还有鸽子。过去京城街头，时常会听到鸽哨声。养鸽子与养其他鸟不同，养其他鸟是以观赏、鸣叫为乐，而养鸽子以放飞为趣。老北京人习惯上把养鸽子叫作"玩鸽子"，其讲究很多。鸽子的种类多达三四十种，最著名的就有点儿、环儿、黑儿、翅儿4类。鸽子的好坏除了毛色之外，还要看飞翔时的耐力和翻跟头的功夫。有的鸽子能在空中翻一连串儿跟头，有的从数百里外放飞，不久就能飞回来，这是真正的好鸽子。养鸽子没有贵贱之分，鸽友们常凑在一起切磋技艺，并常结伴到数十里外放飞，看谁的鸽子先飞回来。

饲养蝈蝈儿 也是四合院里不少人的爱好。过去麦收之后，胡同里就开始出现卖蝈蝈儿的。小贩们多是把蝈蝈儿装在秫秸或麦秸编的笼子里。笼子的样子很花哨儿，有圆的、方的、八角的、三角的，远远地就能听见蝈蝈儿清脆的叫声，吸引着人们前来购买。蝈蝈儿多来自河北易县、涞水一带，一是个儿大，二是叫声清脆悦耳。而四合院里的人买蝈蝈儿时大都买两个，一则是老北京人有成双成对的习惯。二则是两只可以相互戏逗，叫得更欢。买回来的蝈蝈笼子大都挂在屋檐、门橱楣窗前，或院子的葡萄架上或树上。从此蝈蝈儿的鸣叫就成了四合院里最动听的声音，一直能叫到立冬。

玩蛐蛐儿 白露、秋分、寒露，正是北京人玩蛐蛐儿的高潮期。蛐蛐儿,学名蟋蟀,又名促织。因为蛐蛐儿一叫唤就入秋了,天气渐凉,提醒人们该准备冬衣了。故有"促织鸣、懒妇惊"之谚语。斗蛐蛐儿之戏,

蟋蟀罐

始于唐朝天宝年间。北京人玩蛐蛐儿始于明朝。养蛐蛐儿的器具,讲究的是蛐蛐罐儿。蛐蛐罐儿有瓷的,也有瓦的,最好的是用澄浆泥烧制的,大、深、厚,那都是玩家儿才有的。罐儿的优点不在外观,而是保温性能好,适合蛐蛐儿在里面生存。新罐儿不是拿来就用,而是先打底儿,用黄土、黑土、白灰按一定比例混合,然后垫在罐里。加白灰,是因为没有白灰粘不住。但白灰有碱性,打完底儿等三合土干了,还要放在水里泡。把碱性泡掉才能用,打好的底儿既不掉,又不碎。养蛐蛐儿的乐趣在于它们的厮斗与鸣唱。好的蛐蛐儿其称谓也美:翅震大将军、红须元帅、无敌王、花斑豹等。一只好蛐蛐儿只要战败一次,便从此丧失了斗志,对它的主人来说也就没有价值了。玩家儿斗蛐蛐儿,图的是好玩而非赢利,有时虽也挂点儿奖品,不过是一两盒香烟而已。若数战未决胜负,平分秋色,主人则拱手言和。小小的蛐蛐儿为人们带来无限乐趣。

养金鱼 北京人饲养金鱼有数百年历史,因"鱼"与"余"谐音,有"年年有余"之意,所以被视为吉利之物。养鱼既是一种乐趣,

更能养性怡情。夏日里以"天棚、鱼缸、石榴树"为四合院里最和谐的景致。从王公贵族、朝中官员到平民百姓，都喜欢在自家庭院中摆上鱼盆，居室内摆上鱼缸，饲养的金鱼少则几条，多则几十条，以至数百条。用北京人的话说：养鱼练的是慢工，要的就是磨性子的过程，以此养心逸致。

北京人常养的金鱼分"草鱼"和"龙睛鱼"两大类。"草鱼"就是小贩们沿街叫卖的小金鱼，体形较小，也就一至五寸之间，价格较为便宜。多是普通人家买上几条放在小鱼缸里以作观赏。饲养"龙睛鱼"的主儿，多是比较讲究的人。"龙睛鱼"种类很多，按颜色分有红龙睛、花红龙睛、墨龙睛、蓝龙睛、紫龙睛等。多用直径三尺以上的木盆饲养，一般将鱼盆放在四合院落的天棚下或过道旁，鱼盆由特制的架子支着，有的盆里还放些水草。养鱼有3件事必做：换水、捞鱼虫、喂鱼。换水前要将水晒上三五天，然后将鱼盆里的鱼用抄子抄到另外一个鱼盆里，将鱼盆的水放干净，再把鱼的粪便和污物清干净，然后放上晒好的水，再把鱼儿倒进来。捞鱼虫就是每天到附近的池塘、苇沟里捞鱼食儿。讲究的养鱼人很少给鱼儿喂干食儿，多喂活食儿，这样鱼才喜欢吃，长得快，看着鲜灵。喂鱼是养鱼最惬意的事，撒一把鱼食儿，看着鱼儿觅食，别是一种情趣。

珍珠球和踢石球（蹴球） 都是少数民族传统体育项目。珍珠球由金代"重阳桀石"发展而来，玩法类似于"拽包"游戏。踢石球在《红楼梦》中就有记载。二人以石球两个竞技，用些碎砖瓦块铺地，用一球先摆动一处，二球相距七八尺远，每人踢两次，踢中为赢，不中为输。这两个项目分别于1991年、1999年经国家民委、国家体委（后改为体育总局）批准，正式列为少数民族传统体育运动会比赛项目。

儿童娱乐游戏

北京民间儿童娱乐游戏形式多样，内容丰富。形式上，有说的、唱的、听的、看的、捉的、种的、跑跳的、制作的，有一个人玩的和两个以上人玩的，有作耍的、比赛的等；内容上，有启发智力的、增长知识的、锻炼体格的、培养技能的等。

风车 春节期间北京特有的儿童玩具，手持奔跑，风会吹动叶片转动不止。有两种样式，一种用高粱秆、纸条做成车轮式，下面配以泥和纸做成的鼓，风吹动轮子时带动小鼓发出哗哗的响声；另一种用纸叠成，风吹时只转动无声音。

兔儿爷 中秋节期间北京的儿童玩具，泥制，形似兔。清代潘荣陛在《帝京岁时纪胜》中写道："京师以黄沙土作白兔，饰以五彩妆额，千奇百状，集聚天街月下，市而易之。"

江米人儿 北京街头常有艺人用江米面和水，掺进不同颜色，捏成各类人物，卖给儿

兔儿爷

童玩耍。

糖人儿 北京街头常有画糖人儿的,用糖稀画各类人物、动物及飞机、汽车之类,画好后用竹签儿粘好。还有吹糖人儿的,吹好后卖给儿童,又是玩物,又是食物。

飞沙燕儿 木棍上用线悬一纸燕,燕上粘细管,随风转动时,细管会发出"沙沙"声,如燕叫一般。

水牛儿 即蜗牛,夏天下雨时随处可见。儿童捉来玩耍,嘴里还唱:"水牛儿,水牛儿,先出犄角后出头儿哎。你爹,你妈,给你买烧肝儿烧羊肉哎。你不吃,你不喝,让小狗儿小猫儿给叼去哩。"

养蚕 深受儿童喜爱,通过养蚕,能观察到蚕由茧子到幼虫,到成虫,到蛹,到蛾,到甩子,到蛾死的全过程,既有乐趣又长知识。

抽汉奸 即抽陀螺,陀螺为木制,下尖上圆,以皮鞭抽之,旋转不止。抗日战争后期,北京称之"抽汉奸",边抽边唱:"抽汉奸,打汉奸,棒子面儿涨一千。"

玩赤包儿 赤包儿是爬蔓结之植物小瓜,女孩子喜玩它。《燕京岁时记》云:"每至十月,市肆之间则有赤包儿、斗姑娘等物。赤包儿蔓生,形如甜瓜而小,至初冬乃红,柔软可玩。"

玩拐 有"打拐"和"抓拐"两种玩法。拐为猪或羊小腿之拐骨,以羊骨为佳,洗净后涂红蓝等色。打拐时先决定先后,输者发拐,将拐往地上一捻,胜者打,看准后用力朝地上拐打去;抓拐,多为女孩子游戏。《帝京景物略》载:"是月羊始市,儿取羊后胫之膝之轮骨,曰'贝石',置一而另一掷之,置者不动,掷之不过,置者乃掷，置者若动，掷之而过，胜负以生。"

抓子儿 与"玩拐"相类似。《帝京景物略》正月条有"是月也，女妇闲，手五丸，且掷、且拾、且承，曰'抓子儿'"的记载。抓子儿可用石子、杏核、毛桃核、沙子或米豆包等。

跳绳 明清以来盛行于北京，可分一人跳、双人跳、群跳三种，跳时花样翻新。

跳猴皮筋 是北京女孩子最喜欢玩的游戏之一，一年四季均可玩儿。可一人跳、两人跳或多人跳，还可分单直线、双直线、三角儿，跳时花样繁多，有跳、跃、勾绳、踩绳等，跳时有歌谣，常唱的如："小皮球儿，香蕉梨，二八二九三十一；三五六，三五七，三八三九四十一；四五六，四五七，四八四九五十一；五五六，五五七，五八五九六十一；六五六，六五七，六八六九七十一；七五六，七五七，七八七九八十一；八五六，八五七，八八八九九十一；九五六，九五七，九八九九一百一。"

荡秋千 周代就有这项活动。源于长城以北地区，《古今艺术图》记为"北方山戎之戏"。从辽代开始盛行于南京地区，住在南京的贵族、达官之家也都喜好这项活动。既能锻炼腰、臂、腿，又能锻炼平衡神经。每到清明节，换上绚丽的服饰，登上系有彩带的秋千，于空中往来飘荡。有单人荡和双人荡，时称"半仙之戏"，"悉以此为除袚敬怀之乐事"。"上自内苑，下至士庶，俱立秋千架，日以嬉戏为乐。"自辽之后，沿袭下来，至民国时期在民间仍到处可见。进入20世纪50年代以后，在公园等处仍为少年儿童设有秋千架。

放风筝 春秋的北京，天空中到处都是风筝，老人带着儿童，边放边玩，其乐无穷。

摸瞎鱼 又称"摸虾儿"，明《宛署杂记》载："燕都灯市，十四日群儿牵绳为圆城，空其中方丈，城中两儿，轮以帕蒙目，一儿持木鱼，时敲一声，旋易其地以误之，蒙目者听声摸猜，以巧遇夺鱼为胜，则拳击执鱼者，出之城外而代之执鱼，又轮一儿入摸之，曰'摸瞎鱼'。"

后　记

　　《北京的民俗》一书是《京华通览》系列丛书的分册之一，其主要内容取材于《北京民俗志》，是在《北京民俗志》的基础上加工整理编撰而成。什么是民俗？简而言之就是流行于民间的风俗习惯。北京的地理位置、历史文化、人文精神，决定了北京民俗的地域性和独特的文化特性与风格。北京在70万年前就有人类活动，有3000多年的建城史，曾为五朝帝都，又是中华人民共和国的首都，是享誉世界的历史文化名城，有着丰富多彩的民俗文化。举凡京味语言、歌谣谚语、故事传说、衣食住行、农事商贸、岁时年节、婚丧嫁娶、产育寿诞、交际馈赠、娱乐游戏、戏剧曲艺、传统工艺、宗教信仰等等，都烙印着浓重的北京民俗色彩，体现着北京历史的沧桑与变迁，记载着流逝的岁月与集体的情感，成为根植于人们心灵深处的文化意识。《北京的民俗》一书，力图采取简约、通俗、方便阅读的方法，介绍北京的民俗知识、挖掘北京民俗的深刻内涵，增加读者对北京民俗的认识和了解，服务于北京的发展建设。北京的民俗由一代又一代的北京人在漫长的历史岁月中创造，并伴随着北京历史的发展而传承、流布、演变。愿在改革开放的新时期，在大数据的新时代，北京的民俗不断推陈出新，在精神文明建设和物质文明建设中发挥更大作用。

在《北京的民俗》成书之际，特向编纂《北京民俗志》的同仁表示感谢，向所有为《北京的民俗》一书提供资料和帮助的朋友表示感谢。

编　者

2018 年 3 月